MMA
综合格斗
入门教程

刘文擘_编著

全彩
图解视频
学习版

人民邮电出版社
北京

图书在版编目（CIP）数据

MMA综合格斗入门教程 : 全彩图解视频学习版 / 刘文擘编著. -- 北京 : 人民邮电出版社, 2022.4
ISBN 978-7-115-57756-6

Ⅰ. ①M… Ⅱ. ①刘… Ⅲ. ①格斗—教材 Ⅳ. ①G852.4

中国版本图书馆CIP数据核字(2021)第217407号

免责声明

作者和出版商都已尽可能确保本书技术上的准确性以及合理性，并特别声明，不会承担由于使用本出版物中的材料而遭受的任何损伤所直接或间接产生的与个人或团体相关的一切责任、损失或风险。

内 容 提 要

本书由职业综合格斗选手刘文擘教练总结多年参赛和执教经验倾力打造。本书从综合格斗的基础知识入手，涉及综合格斗的发展史、比赛规则、基本的装备以及身体准备等，然后重点讲解了包含基本格斗姿势、拳法、肘法、腿法、膝法、步法、闪躲、格挡、组合拳、空击、摔法、地面技术等基本的进攻技术，以及假动作战术和应对不同类型选手打法的常用战术，并提供了可以运用到实战中的训练方法，以帮助综合格斗教练员系统地教学，帮助格斗初学者轻松入门。

◆ 编　　著　刘文擘
　责任编辑　林振英
　责任印制　马振武
◆ 人民邮电出版社出版发行　　北京市丰台区成寿寺路 11 号
　邮编　100164　　电子邮件　315@ptpress.com.cn
　网址　https://www.ptpress.com.cn
　涿州市般润文化传播有限公司印刷
◆ 开本：700×1000　1/16
　印张：11　　　　　　2022 年 4 月第 1 版
　字数：206 千字　　　2025 年 9 月河北第 7 次印刷

定价：78.00 元

读者服务热线：(010)81055296　印装质量热线：(010)81055316
反盗版热线：(010)81055315

推荐序一

综合格斗（Mixed Martial Arts，MMA）是目前世界公认的发展极快、极具影响力的国际单项体育运动，被誉为格斗运动的十项全能。它是由规则主导产生的，融合了拳击、跆拳道、柔道、摔跤、柔术等众多格斗项目的技术动作，为不同类型的格斗运动员创造了在同一规则下公平竞技的平台，兼具观赏性与实用性。

综合格斗在全球拥有良好的群众基础和发展氛围，在世界范围内有诸多忠实爱好者。由于没有国别、流派限制，它更能全面体现个人的综合对抗能力。如今，综合格斗已经发展为成熟的竞技体育项目，分为以市场商业需求为导向的“职业综合格斗”和更为符合奥运标准的“竞技综合格斗”。

我国综合格斗运动起步较晚，但随着国家对体育运动的愈加重视和大力提倡，该项目发展十分迅速。近年来，越来越多的综合格斗赛事在全国各地举办，不仅涌现了一批国内精品赛事，而且国际的知名品牌赛事也纷纷在国内落地，为中国运动员提供了提高竞技水平、展现自己能力的平台，不少优秀运动员在比赛中取得了优异成绩。而在准奥运体系下的竞技综合格斗赛事中，中国国家综合格斗队在世锦赛、亚锦赛上进步显著，拥有项目入奥后争夺奖牌的实力，使我国在综合格斗这一世界公认的影响力巨大的对抗项目上能够占有一席之地。

刘文擘是一名极具个人魅力的格斗运动员、教练员，对格斗运动充满了热爱。拳击出身的他后转习综合格斗与职业摔跤，多次在比赛中获得优异的成绩。多年的格斗运动员生涯使得刘文擘对格斗项目有着更为全面、深刻的理解。

这本书不仅内容系统，而且运用了丰富的内容展现形式，让技术得以更全面、更立体地呈现在读者面前，非常实用。希望本书的出版对综合格斗的普及和推广有一定的促进作用，使综合格斗进入大众视野，成为大家所熟知并积极参与的强身健体运动。

国际综合格斗联合会董事
中国拳击协会副主席兼格斗运动发展部部长

推荐序二

随着社会的进步和发展，人们除了追求物质生活水平的提高外，开始日益关注精神生活和身体健康，体育运动也因此被愈加重视。体育运动是培养健康体魄的途径，正确进行体育运动，可以改善人体的心肺功能，让骨骼更结实、肌肉更强壮、身体的抵抗力更强。但体育运动的意义并不局限于此，体育精神也是体育运动的重要部分，是人们精神塑造的重要组成部分，体育运动所具有的顽强拼搏、奋发向上、坚韧不拔的精神，有利于人格的全面培养和社会整体精神文明水平的提高。因此，重视和发展体育运动，对个人，对国家，对社会，都是十分有益的。

刘文擘是一名优秀的综合格斗运动员。他本人十分爱好格斗运动，原本是拳击运动员，并且在国家级拳击比赛中多次获得冠军，表现不俗。随着综合格斗在我国的发展，他开始转入综合格斗领域，成为一名职业选手，并多次在 MMA 赛事中取得好成绩。如在俄罗斯 MMA 世界杯中突入半决赛，在综合格斗职业赛事中斩获冠军金腰带等。除了致力于格斗事业外，刘文擘对综合格斗在我国的推广也十分关心，本书的出版，是推动综合格斗进入大众生活的行动之一。

本书包含了综合格斗的各种基础知识，如综合格斗的装备、格斗技术、防反技术，以及实战训练等，在技能层面上对综合格斗介绍得十分全面。除了知识全面外，本书在格斗技术呈现上也有自己的特色，每个动作都用图片、文字、视频等形式表现出来，易懂易学，适合广大格斗爱好者学习和使用。

虽然综合格斗在我国起步较晚，但随着我国体育事业的飞速发展，综合格斗这一运动也有了比较好的群众基础，希望未来能有更多人参与到这一项目的发展中来，从而使更多人了解综合格斗，并爱上综合格斗，进而爱上这项可以终身受益的运动。

《昆仑决》创始人

目录

CONTENTS

第 1 章 格斗的基础知识

第 2 章 热身与恢复

第 3 章 格斗技术

第4章 防反技术

第1章

格斗的基础知识

综合格斗是一种允许使用多种不同格斗技术的综合运动。本章将从格斗的定义、发展、比赛规则、装备、身体准备等基础知识开始讲解，为大家系统学习综合格斗做好准备。

什么是综合格斗

综合格斗（Mixed Martial Arts，MMA）是一项将各种搏击技术有机融合在一起的综合运动项目，其包括各类传统武术、散打、拳击、泰拳、跆拳道、自由搏击等站立式打击术，也包括柔道、摔跤、柔术等其他多种技术。综合格斗的比赛规则比较开放，因此在比赛中运动员发挥比较自由，不受限制。

综合格斗的发展

历史上不同国家、民族都有一些类似综合格斗的活动，但叫法不尽相同，如中国民间的登台打擂、巴西的无限制格斗等。20 世纪初巴西出现了无限制格斗，基本接近无规则、无时长且无重量和技术的限制。后来逐渐发展为巴西风靡一时的格斗招牌，其也被很多人认为是现代综合格斗的雏形。之后，无限制格斗传到美国，逐步发展成为“UFC”赛事（终极格斗冠军赛），并很快成为当时世界上极具影响力的赛事组织，使综合格斗技术在世界范围内发展开来。现代的综合格斗运动稳步发展，已经成为既有竞技性，又具有娱乐性和观赏性的体育运动项目，而且其规则多样，风格也有所不同，形式更原始、自然，成为现代格斗赛事的引领者。

比赛及其规则

格斗在诞生之初，并没有一个具体的规则，不同流派的选手聚集在一起，只是为了决出哪一种是世界上最强的格斗技术。后来随着这项运动的发展，逐渐成为一种独特的竞技运动。为了保证比赛公平和安全，自然而然产生了一套科学的比赛规则。

综合格斗的比赛规则自诞生至今发生了很大的变化，比赛场地的统一、违规行为的禁止、选手装备的规范、选手体重的限制、比赛时长的调整等，都在不断地完善。

比赛场地

最初的 MMA 比赛场地多以围绳擂台为主，但因为选手地面缠斗时经常会出现钻出围绳的情况，影响比赛连贯性，后来便出现了铁笼场地，并逐渐推广开来。除了有八角笼，还有六角笼、圆笼等多种形状的铁笼场地，主要的功能就是维持比赛的连贯性，从而提高比赛的公平性和观赏性。在整个比赛期间，只有裁判员和医生可以进入比赛场地，其他人员则不允许在比赛中进入场地。

服饰装备

最初的格斗赛事对选手的服装等方面的要求不是很严格。随着赛制规则的逐步完善，有些现代的格斗赛事会对参赛选手的服饰装备做出具体要求，但是要求各异，此处便不一一讲解。

级别划分和回合设定

格斗赛事的级别根据选手的体重来划分。根据不同的体重，相同级别的选手在一起比赛，从中选出各自级别的冠军。近年来，格斗比赛的主要回合制为每回合 5 分钟，总共 3 回合。如果是冠军赛，赛制则为 5 回合，回合间休息 1 分钟。格斗运动为了更好地走向大众，也建立了业余比赛规则。在业余比赛中，除了要佩戴护具外，回合时间也由每回合 5 分钟调整到了 3 分钟。在 2000 年前后，还有一种比较流行的回合制是第一回合 10 分钟、第二回合 5 分钟、第三回合 5 分钟，但是现在很少使用了。

比赛结果的判定

格斗比赛获胜方式可以通过很多方法判定，其中分为 KO 胜、TKO 胜、制服、医生叫暂停、放弃比赛、出局等。

KO 胜 意思是击倒制胜。选手用合理技术击倒对手并使之没有反抗能力。裁判员根据现场情况可以直接判定，且无须数到 10。

TKO 胜 意思是比赛中双方实力差距过大，裁判员为了避免劣势一方出现严重受伤的风险，可以终止比赛，判定实力强的一方获胜。

制服 意思是对手主动认输。选手可以通过口头认输、手或脚轻拍对手的身体，或者连续拍打垫子的方式来表达认输，这时可以判定对方获胜。

医生叫暂停 当选手因为被对手攻击而受伤，且医生判定伤势过重不适合继续比赛时，可以叫停，判对方获胜。

放弃比赛 在比赛过程中，在场边的教练或者助理可以通过向场内扔白毛巾的方式表示该方选手放弃比赛，判对方获胜。

出局 如果一方选手因为犯规被判出局，可判对方获胜。

犯规动作

MMA 比赛中只有赛场上的裁判员才可以鉴定犯规行为。下列行为在比赛中被认定为犯规，裁判员可以根据情况对犯规选手进行判罚。

- 攻击对方身体的脆弱部位，例如用各种方式攻击对方的眼睛、腹股沟、裆部、咽喉或气管等。
- 一些可能会对对方的身体造成严重伤害的攻击行为，例如攻击后脑和脊柱、将对手头颈向下倒插在地上、攻击在裁判员或医生照看下的选手等。
- 违背体育精神和道德的行为，例如扯拽对手的短裤或者拳套、在比赛区域使用辱骂性的语言、揪对手头发等。

如果确定犯规，裁判员要就具体行为根据比赛规则做出相应的裁定。

4 格斗装备

选手在日常训练及业余 MMA 比赛中常用的装备有护齿、头盔、短裤、拳套、缠手带、护裆、护胫等。

护齿 护齿可以在比赛中保护选手的口腔。

缠手带

缠手带可以保护腕关节和手指。

头盔

头盔可以保护头部，避免受伤。

拳套

拳套可以缓解碰撞，避免手腕、手指受伤，并减轻身体被击打的疼痛感。

短裤

选手需穿短裤、紧身短裤或其他符合标准的短裤。

护胫 用来保护胫骨，以免被踢伤。

护裆 对抗性运动中保护生殖器的重要装备，在综合格斗中要求佩戴。

5 身体准备

良好的身体素质是将各项格斗技术充分发挥的重要条件。综合格斗对参赛选手的体能要求很高，尤其是对力量、速度、耐力以及柔韧性都有一定的要求。周期性地进行体能训练是提升格斗水平的关键。

力量

力量几乎是所有运动的基础，对于综合格斗运动来说更是如此。运动员的力量水平将直接影响比赛过程中所表现出来的对抗力和进攻效果。在进行力量训练的过程中，不仅要增加身体肌肉的力量强度，还要注意上下半身的力量平衡和协调性，整体而全面地增强力量。

速度

“天下武功，无坚不破，唯快不破”，这句武侠小说里的经典语录正是描述了速度对武功的重要性。同样，在格斗技术中，速度也是一个非常关键的制胜要素，速度快往往能占据优势，提高胜率。选手具有较好的反应速度和动作速度，能够在比赛中做到先发制人，对赢得比赛有较大的帮助。

耐力

综合格斗要求选手有非常好的耐力，除了肌肉耐力之外，还需要好的心血管耐力。通过有规律的负荷锻炼，选手可以增强肌肉、心肺以及各个器官的耐力，以便于更好地适应比赛。

柔韧性

综合格斗需要选手有较好的柔韧性。良好的柔韧性可以使参赛选手的关节活动更自如，在比赛中占据优势，也可以有效减小受伤概率。柔韧性主要受遗传因素的影响，但专业训练可以提高身体的柔韧性，需要注意的是，在训练过程中不能太过着急，要循序渐进。

对于综合格斗运动员来说，进行针对性的专项训练是服务于比赛的有效方法。要注意的是，格斗训练并不只是需要训练某一个特定部位或肌肉，而是要调动多个关节，增强整个身体的能力。

第2章

热身与恢复

在任何运动中，充分的热身和恢复都是非常有必要的，对训练强度有全方位要求的综合格斗更是如此。热身和恢复是构成完整格斗训练体系的基础，后面的格斗技术都需要这些训练作为支撑。

1 热身训练

正式比赛或运动前，合理地安排热身训练是提高运动表现和预防运动损伤的关键一环，也是必不可少的一环。

慢走

简介

缓慢向前行走，身体也逐渐由静态进入运动状态。运动时间以 30 秒为宜，可根据自身的情况进行调整，天气较冷时，可以适当增加时间。

扫描二维码看动作视频

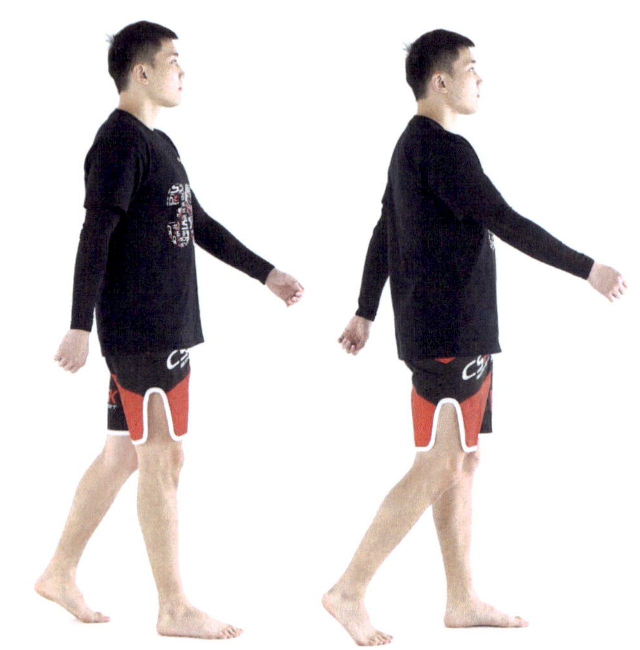

1 基本站立姿势，抬头挺胸，目视前方，身体放松。

2 向前缓慢行走，双臂跟随脚步自然前后摆动。

前脚掌走

简介 抬脚跟，用前脚掌着地，向前行走。一方面可以激活腿部肌肉，另一方面也可以在行走中训练身体平衡能力。行走过程中脚跟不要落地，保持抬起状态。运动时间 30 秒。

扫描二维码
看动作视频

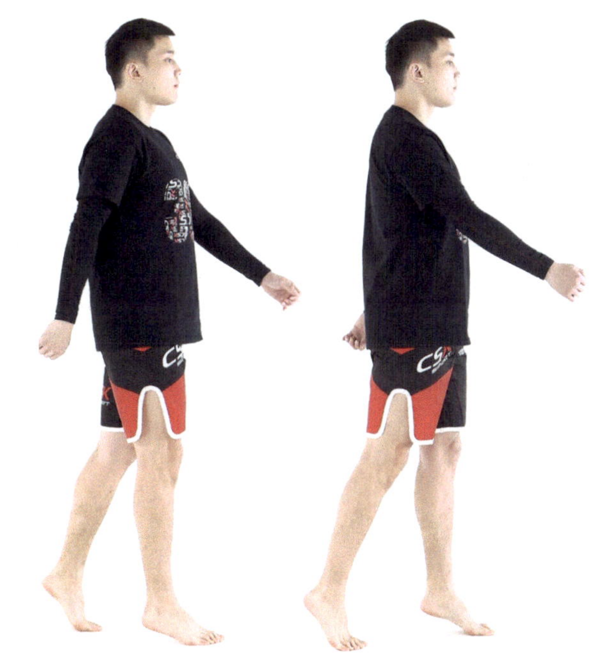

1 基本站立姿势，抬头挺胸，目视前方，前脚掌着地，脚跟抬离地面。

2 保持脚部姿势，向前行走，双臂跟随脚步自然前后摆动。

脚跟走

简介

抬脚尖，用脚跟着地，向前行走。一方面可以激活腿部肌肉，另一方面也可以在行走中训练身体平衡能力。行走过程中脚尖不要落地，小步伐前进。运动时间 30 秒。

扫描二维码
看动作视频

1 基本站立姿势，抬头挺胸，目视前方。

2 保持以脚跟触地、脚掌抬起，向前行走，双臂跟随脚步自然前后摆动。

脚外侧走

简介 脚掌外侧着地，向前行走。一方面可以激活腿部肌肉，另一方面也可以在行走中训练身体平衡能力。行走过程中身体不要晃动过大，小步伐前进。运动时间 30 秒。

扫描二维码
看动作视频

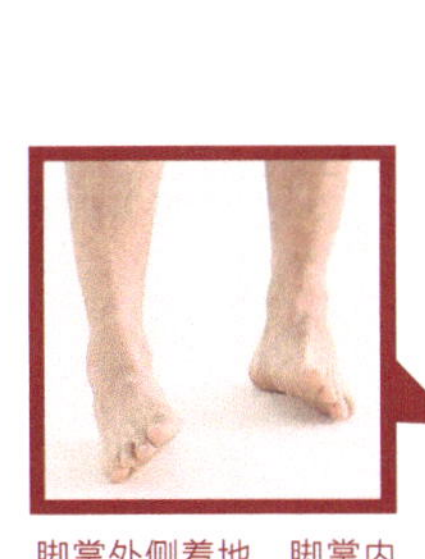

脚掌外侧着地，脚掌内侧尽量抬起。

1 基本站立姿势，抬头挺胸，目视前方。

2 脚掌内侧抬起，用外侧着地，向前行走，双臂跟随脚步自然前后摆动。

脚内侧走

简介 脚掌内侧着地，向前行走。一方面可以激活腿部肌肉，另一方面也可以在行走中训练身体平衡能力。行走过程中身体不要晃动过大，小步伐前进。运动时间 30 秒。

扫描二维码看动作视频

脚掌内侧着地，脚掌外侧尽量抬起。

1 基本站立姿势，抬头挺胸，目视前方。

2 脚掌外侧抬起，用内侧着地，向前行走，双臂跟随脚步自然前后摆动。

慢跑

简介 缓慢向前跑动，使身体快速预热，进入运动状态。运动时间30秒为宜，训练者可根据自身的情况进行调整，天气较冷时，可以适当增加运动时间。

扫描二维码
看动作视频

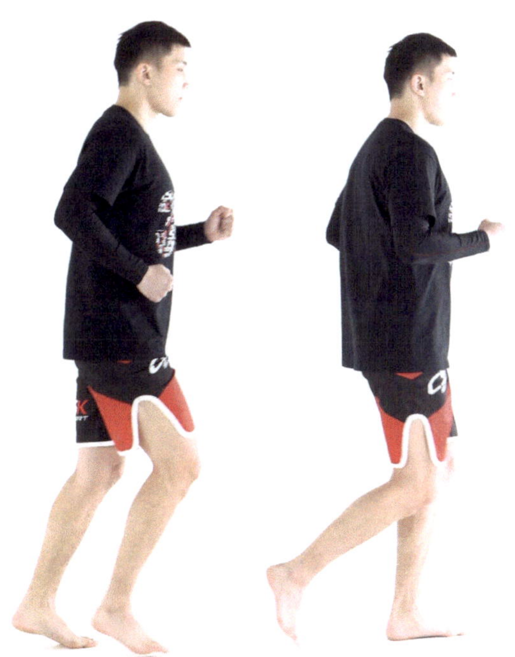

1 基本站立姿势，抬头挺胸，目视前方，双臂放松，置于体侧。

2 慢速向前跑动，双臂屈曲置于体侧，跟随脚步自然前后摆动。

前踢跑

简介

前踢腿向前跑动，是跑动热身的一种形式。运动时间 30 秒为宜，训练者可根据自身的情况进行调整。向前踢腿时，膝盖伸直，尽量不要屈曲。

扫描二维码
看动作视频

1 基本站立姿势，抬头挺胸，目视前方，双臂放松，置于体侧。

2 双腿交替以伸直前踢的方式向前跑，双臂屈曲跟随脚步自然前后摆动。

后踢跑

简介 后踢腿向前跑动，是跑动热身的一种形式。运动时间 30 秒为宜，训练者可根据自身的情况进行调整。双手背向身后，向后踢腿时，脚跟尽量接触到手。

扫描二维码看动作视频

1 基本站立姿势，抬头挺胸，目视前方，双臂放松，置于体侧。

2 双臂伸直，双手掌心向后且置于臀部，双腿交替以屈膝后踢的方式向前跑。注意脚落地时，前脚掌着地。

从外向内画圈跑

简介 抬起一侧腿由外向内画圈跑动。跑动时，保持身体平衡，注意运动节奏，防止摔倒。运动时间 30 秒为宜，训练者可根据自身的情况进行调整。

扫描二维码看动作视频

腿由外向内画圈。

腿由外向内画圈。

1 基本站立姿势，抬头挺胸，目视前方。

2 双腿交替以由外向内画圈的方式向前跑，双臂屈曲跟随脚步自然前后摆动。

从内向外画圈跑

简介 抬起一侧腿由内向外画圈跑动。跑动时，保持身体平衡，注意运动节奏，防止摔倒。运动时间30秒为宜，训练者可根据自身的情况进行调整。

扫描二维码
看动作视频

腿由内向外画圈。

1 基本站立姿势，抬头挺胸，目视前方。

2 双腿交替以由内向外画圈的方式向前跑，双臂屈曲跟随脚步自然摆动。

侧滑步

简介

该动作属于基础步法热身。侧向移动时，注意身体重心的移动。左右侧分别练习，单侧运动时间 30 秒为宜，训练者可根据自身的情况进行调整。

扫描二维码
看动作视频

1 站立姿势，双臂屈曲握拳置于下颌前，膝盖微屈，双脚间距大于肩宽，一侧腿向外滑动迈步，身体重心向迈步方向移动。

2 迈步脚支撑身体，另一只脚上抬跟步。回到起始姿势后，重复运动。

转髋交叉步

简介 该动作属于升级版的步法热身。迈步期间增加了转髋的动作，注意上半身不要跟随转动。左右两侧交替进行，运动时间30秒为宜，训练者可根据自身的情况进行调整。

扫描二维码
看动作视频

1 站立姿势，一侧腿向对侧前方迈步，同时向前转髋，手臂向前腿侧横向摆动。

2 另一侧腿向对侧前方迈步，转髋，手臂横向自然摆动。两腿交替进行，向前行走。

单侧高抬腿

简介

该动作在一侧高抬腿的同时还要侧向移动。动作连续不要停顿，上半身不要跟随抬腿转动而大幅转动。左右侧分别练习，单侧运动时间 30 秒为宜，训练者可根据自身的情况进行调整。

扫描二维码看动作视频

1 站立姿势，单侧腿向外侧高抬，然后快速转向身体另一侧。

2 抬起的腿快速伸直，同侧脚落地。接着另一侧腿快速向同侧移动。回到起始姿势后，重复运动。

360度旋转

简介

该动作属于跳跃热身。跳跃旋转时尽量落在起始位，不要偏离过大。向左旋转时，右手为引导手，反向旋转时换手。单侧运动3~5次为宜，训练者可根据自身的情况进行调整。

扫描二维码
看动作视频

向左侧旋转360度。

1 站立姿势，抬头挺胸，目视前方。

2 发力起跳并向左侧旋转360度，右臂向上伸直引导旋转，左臂收至腹部。落回原位时，屈膝屈髋缓冲，接着回到起始姿势。

跳跃踢腿

简介

该动作属于跳跃热身。保证安全的情况下，跳跃至最高点时，双手尽量与脚尖触碰。运动次数 5~8 次为宜，训练者可根据自身的情况进行调整。

扫描二维码看动作视频

1 站立姿势，屈膝屈髋，重心下降，双臂向后摆动，预备起跳。

2 双腿蹬地向上起跳，并向前踢腿，同时躯干前屈，双臂快速挥至体前，双手触摸脚尖。落地时，屈膝屈髋缓冲。

跳跃抱膝

简介 该动作属于跳跃热身。保证安全的情况下，跳跃至最高点时，尽量团身双手抱膝盖。运动次数 5~8 次为宜，训练者可根据自身的情况进行调整。

扫描二维码
看动作视频

1 站立姿势，屈膝屈髋，重心下降，双臂向后摆动，预备起跳。

2 双腿蹬地向上起跳，并团起身体，双手抱住膝盖。落地时，屈膝屈髋缓冲。

跳跃分腿

简介

该动作属于跳跃热身。保证安全的情况下，跳跃至最高点时，双臂与双腿横向打开尽量呈水平。运动次数 5~8 次为宜，训练者可根据自身的情况进行调整。

扫描二维码
看动作视频

1 站立姿势，屈膝屈髋，重心下降，双臂向后摆动，预备起跳。

2 双腿蹬地向上起跳，双臂和双腿同时侧向伸展（可尽量使双手和双脚相碰）。落地时，屈膝屈髋缓冲。

跳跃伸展

简介 该动作属于跳跃热身。保证安全的情况下，跳跃至最高点时，身体尽量向后伸展呈弓形。运动次数 5~8 次为宜，训练者可根据自身的情况进行调整。

扫描二维码
看动作视频

1 站立姿势，屈膝屈髋，重心下降，双臂向后摆动，预备起跳。

2 双腿蹬地向上起跳，并屈膝向后踢腿，双臂及躯干向后伸展至最大程度。落地时，屈膝屈髋缓冲。

踢腿转髋

简介

该动作属于动态行走热身。向前踢腿时，身体向踢腿侧转动。左右交替练习，运动时间 30 秒为宜，训练者可根据自身的情况进行调整。

扫描二维码看动作视频

支撑腿尽量不要屈曲。

1 站立姿势，一侧腿向前踢腿迈步，身体向该侧转髋，双臂向该侧摆动。

2 一侧腿落地后，双腿自然交替向前行走几步，接着另一侧腿向前踢腿迈步，身体向该侧转髋，双臂向该侧摆动。双腿以上述方式交替向前行走。

大圣捞月

简介 该动作属于动态行走热身。迈步时身体向迈步同侧转动，并抬起对侧手臂，最大程度拉动对侧肌肉链。左右交替练习，运动时间 30 秒为宜，训练者可根据自身的情况进行调整。

扫描二维码
看动作视频

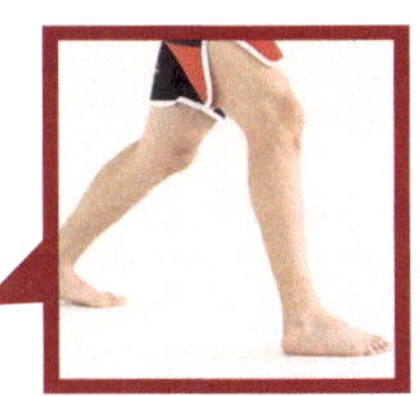

迈步动作应缓慢，步伐大一些，使转身抬臂的动作更充分。

1 站立姿势，一侧腿向前迈步，身体向该侧转动，对侧手臂向上伸展。

2 双腿自然交替向前行走几步，接着另一侧腿向前迈步，身体向该侧转动，对侧手臂向上伸展。双腿以上述方式交替向前行走。

虾行

简介 该动作属于地面热身动作。蹬地接蜷曲身体的动作要连贯。左右交替练习，运动次数每侧 5~8 次为宜，训练者可根据自身的情况进行调整。

扫描二维码看动作视频

1 仰卧于地面，一侧腿屈曲，同侧脚撑地，双臂屈曲置于胸前。支撑脚蹬地，同时向对侧蜷身，手指触摸脚尖。

2 回到起始姿势后，换另一侧腿屈曲，该侧脚撑地。接着支撑脚蹬地，向对侧蜷身，手指触摸脚尖。双腿以上述方式交替向头顶方向运动。

蟹行

简介 该动作属于地面热身动作。由肩部到髋部的横向移动动作要连贯。左右侧分别练习，单侧运动 5~8 次为宜，训练者可根据自身的情况进行调整。

扫描二维码
看动作视频

移动肩部时，一侧的肩部要抬离地面尽量远的距离。

1 仰卧于地面，双腿屈曲，脚抬离地面，双臂屈曲置于胸前。身体发力，肩部向一侧移动。

2 移动臀部，使身体回到起始姿势。重复前面的动作，使身体侧向移动。完成规定次数后，进行反向移动。

前滚翻

简介

该动作属于翻滚类地面热身动作。应确保动作准确，蹬地蜷曲翻滚的动作连贯。运动次数 5~8 次为宜，训练者可根据自身的情况进行调整。

扫描二维码
看动作视频

1 蜷身下蹲，前脚掌和指尖撑地。双腿发力蹬地，双手撑地，向前翻滚。

2 从头、手着地迅速过渡为背部着地，最后快速蜷身蹲起，双手抱膝，双脚着地，保持身体平衡。

后滚翻

简介 该动作属于翻滚类地面热身动作。向后翻过程中身体保持蜷曲不要打开，蹬地翻滚的动作要连贯。运动次数 5~8 次为宜，训练者可根据自身的情况进行调整。

扫描二维码
看动作视频

全程身体保持蜷曲，不要打开身体，这样更易于动作进行。

1 蜷身下蹲，前脚掌和指尖撑地。双手推地，双脚蹬地，利用惯性向后翻滚。

2 迅速转换为上背部和头枕部着地，接着双手于头部两侧撑地以帮助身体继续向后翻滚，最后呈蜷身蹲姿，前脚掌和指尖着地，保持身体平衡。

鱼跃前滚翻

简介

该动作作为前滚翻的升级动作，需要有一定的运动基础。确保动作准确连贯的同时，向前鱼跃要注意安全。运动次数5~8次为宜，训练者可根据自身的情况进行调整。

扫描二维码
看动作视频

双手屈臂着地，可以起到缓冲作用。

1 屈膝屈髋站立，双腿发力蹬地，上身向前向下伸展，身体向前鱼跃跳。

2 双手着地支撑，身体向前蜷身翻过，最后起身呈双手抱膝的蜷身蹲姿。

后软翻胸贴地

简介 该动作作为后滚翻的延伸动作，需要有一定的运动基础。确保动作准确连贯的同时，向后软翻要注意安全。运动次数5~8 次为宜，训练者可根据自身的情况进行调整。

扫描二维码
看动作视频

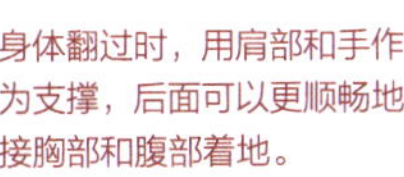

身体翻过时，用肩部和手作为支撑，后面可以更顺畅地接胸部和腹部着地。

1 后滚翻起始姿势，双手推地，双脚蹬地，利用惯性向后翻滚。

2 翻过身后，由肩部和手着地支撑过渡为胸部和腹部着地支撑，之后双腿有控制地落地，最后双臂撑起上半身。

后滚翻站起

简介

该动作作为后滚翻的延伸动作，增加了站立起身，有一定难度。确保动作准确连贯的同时，向后翻要注意安全。运动次数 5~8 次为宜，训练者可根据自身的情况进行调整。

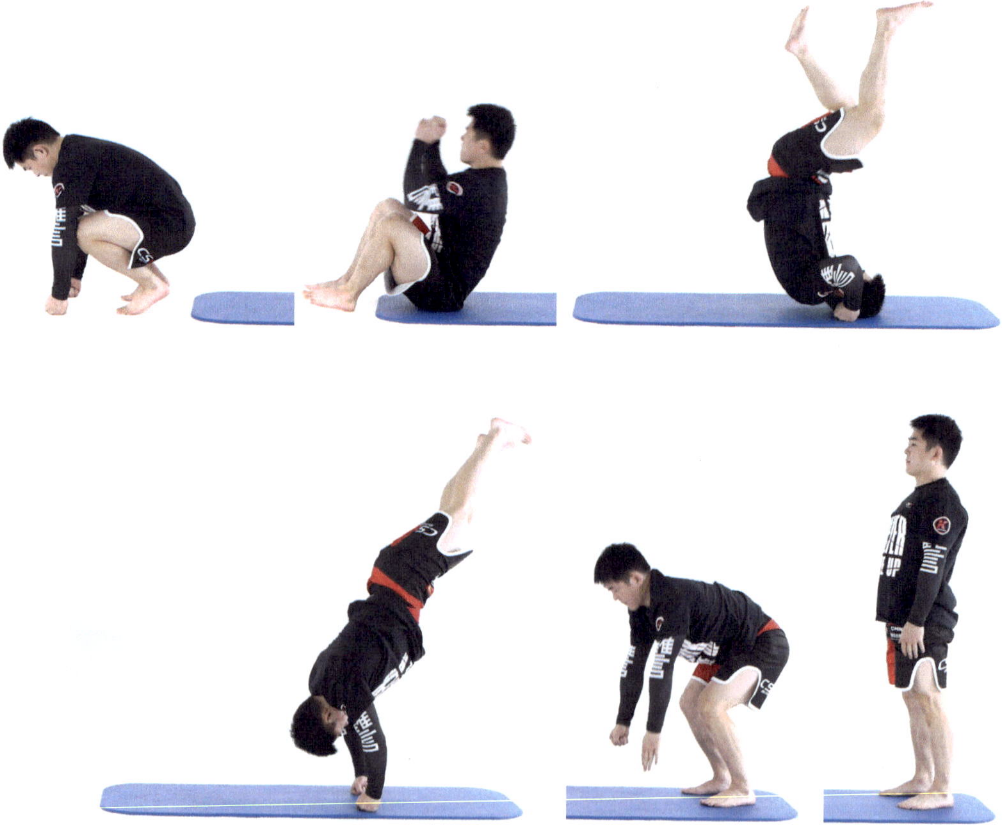

1 后滚翻起始姿势，双手握拳推地，双脚蹬地，蜷身快速向后滚动，至躯干约垂直于地面时，双拳与头部着地。

2 双拳大力推地，双腿及躯干向上伸展，使身体呈倒立姿势，保持身体平衡，最后双脚落地站直。

受身拍地

简介 该动作属于地面热身、受身练习。过程中控制身体，保持颈部紧张，保护头部不着地，防止受伤。运动次数 5~8 次为宜，训练者可根据自身的情况进行调整。

扫描二维码
看动作视频

1 后滚翻起始姿势，双臂交叉抱于胸前。

2 身体主动向右倒，并在落地时保持屈膝屈髋，背部着地，双臂向两侧打开拍地。

2 拉伸训练

进行训练后，要对身体各部位的肌肉进行拉伸，使紧张的肌肉充分地放松，减少训练后肌肉的酸痛。

小臂拉伸

简介

该动作是上肢拉伸中的小臂前侧拉伸。手掌离身体越远，拉伸强度越大。拉伸时间 15~20 秒为宜，训练者可根据自身的情况进行调整。

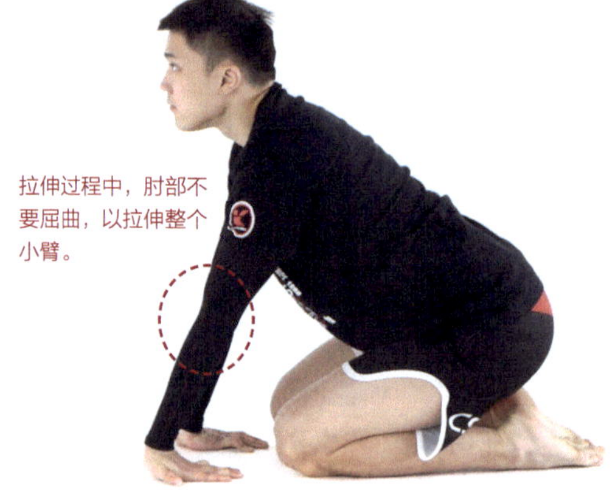

拉伸过程中，肘部不要屈曲，以拉伸整个小臂。

其他角度

说明

双膝跪地，脚背绷直，臀部坐在脚跟上。上身前倾，手臂伸直，手掌向下，手指朝向膝盖方向。后倾身体，保持手掌接触地面，缓慢呼吸，保持该动作产生的持续牵拉感。

肱三头肌拉伸

简介 该动作可以对肱三头肌进行充分的拉伸。过程中保持身体平衡，以便对肌肉施加适当的拉伸力。拉伸时间15~20秒为宜，训练者可根据自身的情况进行调整。

其他角度

说明 双膝跪地，脚背绷直，肘关节屈曲，小臂支撑地面，臀部尽量坐在脚跟上。一侧手臂用肘关节支撑地面，手向后伸，找对侧的肩胛骨，后倾身体，保持肘关节接触地面，缓慢呼吸，保持该动作。

肩部拉伸

简介

该动作可以对肩后部肌肉、斜方肌中部和菱形肌起到有效的拉伸作用。为了使效果更加明显，拉伸侧的手臂尽量伸直。左右交替练习，单次拉伸时间 10~15 秒为宜，训练者可根据自身的情况进行调整。

其他角度

说明

双膝跪地，脚背绷直，臀部尽量坐在脚跟上。上身前倾，一侧手臂支撑身体，手掌向下；另一侧手臂穿过身体下方，向对侧伸展，身体缓慢下压，尽力拉伸肩部，缓慢呼吸，保持该动作。

背部拉伸

简介 该动作可以对背部肌肉进行全面的拉伸，同时也是放松式拉伸，可以缓解由压力引起的肌肉紧张。拉伸时间 10~15 秒为宜，训练者可根据自身的情况进行调整。

其他角度

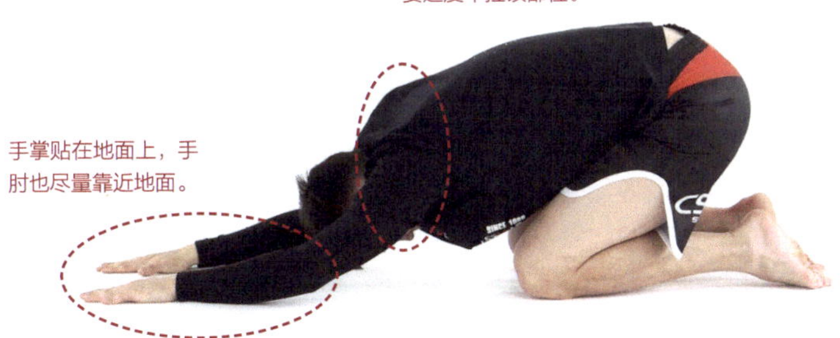

说明 双膝跪地，脚背绷直，手臂向前伸直，手掌向下按地面，支撑身体，臀部尽量坐在脚跟上。上半身贴近大腿，前额贴近地面，保持该动作。

肩前部 + 胸部拉伸

简介 该动作对肩前部和胸部的肌肉同时进行拉伸。训练时动作应缓慢适度，左右交替练习，单次拉伸时间 10~15 秒为宜，训练者可根据自身的情况进行调整。

其他角度

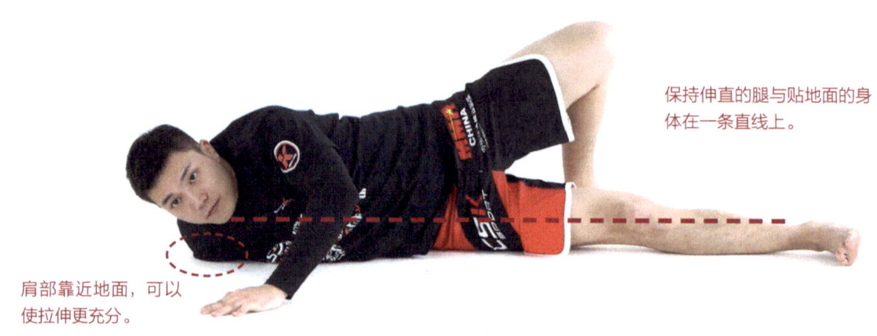

说明 面朝下俯卧于地面，双臂展开与身体垂直。一侧手臂支撑同侧身体缓慢抬起，同时同侧腿抬起膝盖屈曲，交叉至另一侧腿膝盖后侧，另一侧的手臂保持紧贴地面，保持该动作。

臀部拉伸

简介 该动作是针对臀部肌肉的拉伸动作，主要涉及的肌肉有臀大肌、臀中肌及臀小肌。左右交替练习，单次拉伸时间 10~15 秒为宜，训练者可根据自身的情况进行调整。

其他角度

拉伸时，尽量伸直腿一侧脚绷紧，并确保身体从头部到该侧脚趾在一条直线上。

保持肘关节和腕关节低于肩部。

说明 平躺，双臂展开与身体垂直，抬起一侧腿，交叉至另一侧腿侧，膝盖屈曲呈90度，另一侧的手掌放在抬起腿的大腿外侧，保持该动作。

腿部拉伸

简介 该动作主要拉伸到大腿和小腿背面的肌肉，如腘绳肌、腓肠肌等。左右交替练习，单次拉伸时间 10~15 秒为宜，训练者可根据自身的情况进行调整。

其他角度

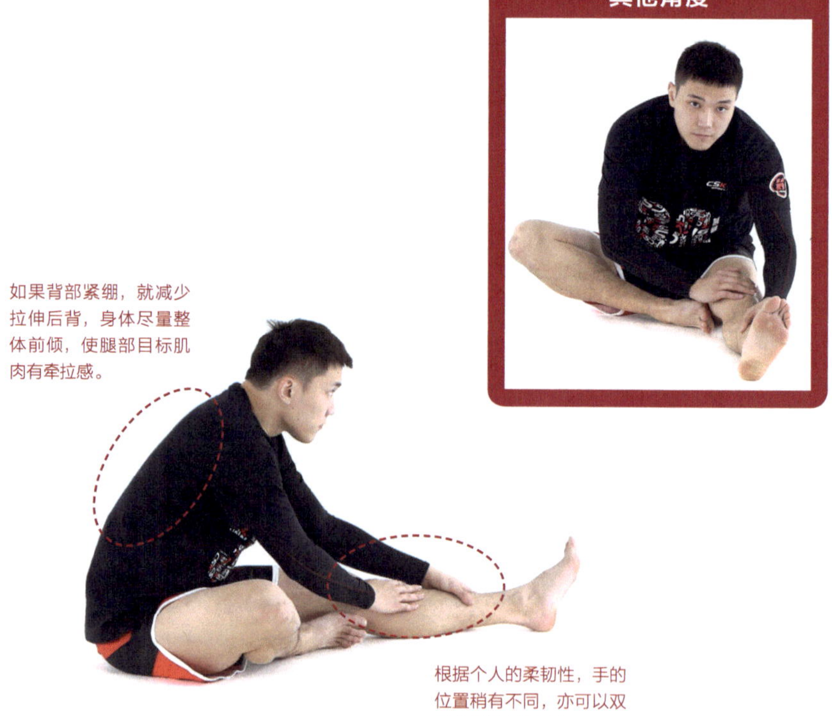

说明 双腿向前伸直坐于地上，屈曲一侧腿，将脚掌靠在另一侧腿的大腿内侧，将双手放在伸直腿上。上半身缓慢向伸直腿方向前倾，感受腿后侧拉伸的感觉，保持该动作。

第3章

格斗技术

在综合格斗比赛中，场上形势的变化是难以预料的。拳手在比赛时会在各种不同的格斗技术之间不断切换，而这些都是建立在基本技术基础上的。本章将展示综合格斗中常用技术。

1 姿势

抱架是格斗技术中的重要姿势，不同的武术，会有不同的抱架姿势。

抱架原理

简介

抱架的主要目的是使自己处于待战的状态，可以进攻、防守以及随时随地进行实战。练习抱架时要注意动作细节，尽量通过镜子来观察自己的动作，以便快速地纠正错误。

知识要点

抱架口诀

上肢，三收一松；下肢，两宽一屈。牢记口诀，随时纠正动作。

上肢三收一松。收拳头，收下巴，收肘。收拳时不要翘起大拇指，肩部保持放松。

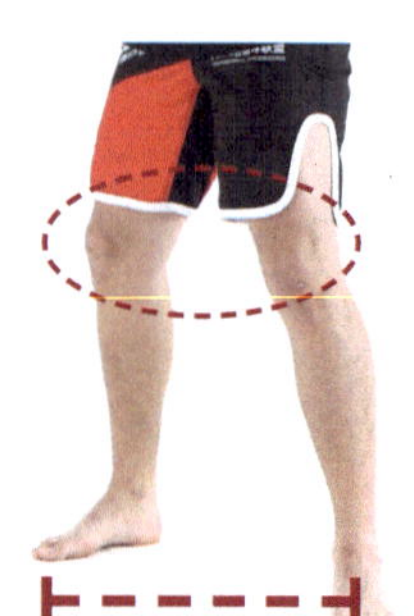

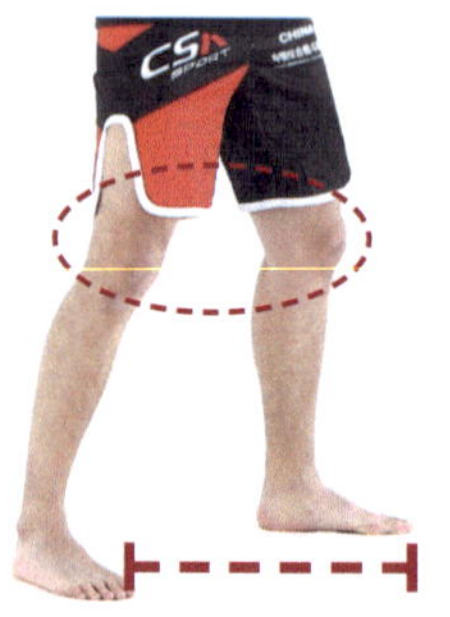

下肢两宽一屈。两脚之间，前后距离宽，左右距离宽，膝盖微屈，重心在两脚之间。

教练提示

实战时会有一些特殊抱架，但都是基础抱架的衍生。

在与矮个子对手实战时，抱架前手会适当前移，防止其近身。

力量型选手为加强前手拳力量，抱架前手会适当靠近面部。

面对反抱架选手，前手控制能力较为重要，可以让后手的进攻更有力。

综合格斗抱架——正抱架

简介

大多数人用正抱架，即左手前，右手后的抱架（以右侧为惯用侧为例）。初学者一定要花大量时间不断稳固动作，练习的时间越长，逐渐形成了肌肉记忆，抱架就不再需要通过大脑思考，可以直接进行进攻或者防守。

扫描二维码
看动作视频

知识要点

从背面看，上半身含胸，同时收腹。

其他角度

肩部下沉放松。

左手肘关节呈90度。以肘关节为顶点，大臂小臂形成一个三角形垂直于地面，拳头在鼻子的正前方。

右手中指贴嘴角，大臂与身体夹角呈45度，小臂则垂直于地面。

身体向右后方侧倾30度左右。

膝盖微屈，使身体有弹性。

双脚向外打开30度左右。脚掌着地，脚跟略抬起。

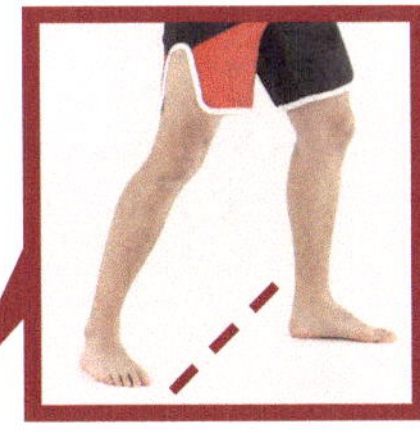

前脚跟略前于后脚尖。

说明

面向前方，双脚间距略大于肩宽，左脚向前迈半步，两脚向外打开，身体微微侧倾，膝关节微屈，重心在两腿之间。低头收下巴，收拇指握拳，手腕绷直，双臂屈肘上抬，左拳在鼻子的正前方，右拳贴嘴角。

常见错误抱架

知识要点

初学者不可避免地会出现示例中这些错误的抱架姿势，为了更好地矫正自己的姿势，这里有一些小建议：

1.对着镜子练习，便于随时观察，发现错误；

2.随时随地练习，利用碎片时间，培养感觉；

3.长时间持续练习，无论处于什么训练阶段，都要持续训练抱架。

向前挺髋

髋关节应该自然向后，不要有向前顶的动作。

膝盖伸直

膝盖不能伸直，要微屈。同时上身要含胸。

双手过低

手要抬起至面部。保护头部及面部。

双臂过开

大臂要紧贴身体，做到夹胸，不要张开。

双脚在一条直线

这样会造成站立不稳。双脚左右间要有一定距离。

反抱架

简介 右手在前，左手在后的即为反抱架，技术要点与正抱架相同。对于优秀的选手来说，正反抱架都能熟练使用，在实战中可根据对手的情况来灵活选择。

其他角度

知识要点

肘关节要向内收紧，如果两肘打开，会暴露肋部和薄弱的腹部。不论是拳击还是踢击，柔弱的部位都会成为攻击目标。特别注意，后手的手肘要向身前收紧，如果在侧身收紧，则起不到保护腹部的作用。

说明

初学时肩部和腿部酸痛是正常现象，而长时间的抱架练习，可以形成肌肉记忆，这跟肌肉的耐力和力量无关，是通过长期训练获得的。无论是冠军选手还是初学者，都应该随时随地一有机会就进行抱架练习，这是一个长期的训练，时间上的积少成多，对形成好的基础十分必要。

扩展武术抱架

简介 不同的武术风格会有不同的抱架。抱架方式取决于武术自身的风格、特点及其规则。这里举例介绍几种不同的抱架，可以在综合格斗比赛中判断选手的技术风格。

传统空手道

知识要点

传统空手道是空手赤足进行的格斗，注重腿法，讲求“寸止”，流行于日本。传统空手道抱架与综合格斗抱架最大的不同就是：双臂下垂于身体两侧，同时手掌张开，双脚前后距离小。

拳击

知识要点

拳击是戴手套的格斗运动，利用各种拳法和灵活的躲闪来打败对手。拳击抱架中的上肢姿势与综合格斗抱架相似，但腿部的姿势有较大的不同，拳击抱架膝盖略向内扣。

散打

知识要点

散打也称散手，是徒手格斗，运用传统武术中的踢、打、摔等技术来制服对手。它的抱架与综合格斗抱架相似，但后脚的打开角度更大一些。

跆拳道

知识要点

跆拳道是奥运会正式比赛项目，讲求腿法为主，拳脚并用。技术动作有观赏型也有对战型，它的抱架与综合格斗抱架相似，但双臂的位置要低一些。

自由摔跤

知识要点

自由摔跤是相较于古典摔跤规则更宽泛的摔跤运动，技术以摔投技为主，这就需要选手近身攻击，所以自由摔跤抱架下蹲程度更大，重心更低，双手手指张开，随时准备抓住对手。

2 拳法

格斗技术中，拳法十分重要，它包括直拳、摆拳及勾拳等，根据优势手不同，还可以细分前后手。

前手直拳

简介

顾名思义，前手直拳即为在前侧的手打出的直拳。它可以随时进攻，也可以防守对手最先的进攻，还可以不停地干扰对方，为出击重拳做准备。

扫描二维码看动作视频

前手肘关节呈 90 度。

不要抬肘出拳。因为这样一来会分散出拳力量，二来会使对手发现进攻意图。

1 基础抱架准备。

2 前手向前出拳，在手臂接近伸直时，旋转拳头，拳心向下压平手腕，送肩，目视前方。前手攻击完成后，迅速收回，恢复基础抱架姿势，为后续攻击做准备。

知识要点

出拳时，后手不要后拉，同时后手肩膀和身体都不要后拉，否则会分散出拳力量；要保持抱架姿势，压在正确的位置，这样前手拳才会更有力量。

速记口诀

牢记三二一口诀。三撑：手腕撑，肩撑，脚撑。两点含：含下巴，含胸收腹。攻击一点目标。

教练提示

在出拳时，身体不要跟随出拳手前倾，因为这样会导致重心迁移从而破坏平衡。

其他角度

前手臂微屈不要完全伸直，防止肘关节超伸，若完全伸直，久而久之会形成损伤。

出拳时，身体重心仍在两脚之间。

后手直拳

简介

对大多数人来说，后手拳都是重拳，而后手直拳则是攻击距离最远的拳。因此在进攻远距离的目标时，我们常常会使用后手直拳，击中目标后，达到最大的进攻效果。

扫描二维码
看动作视频

1 基础抱架准备。

2 后脚蹬地内旋，后手向前出拳，在手臂接近伸直时，旋转拳头，拳心向下。出拳的同时，身体跟随转动，前手自然回收至脸侧。

知识要点

后手不要抬肘出拳，同时前手不要后拉，要贴紧身体，使出拳力量集中不分散。

速记口诀

牢记三二一口诀。三撑：手腕撑，肩撑，脚撑。两点含：含下巴，含胸收腹。攻击一点目标。

教练提示

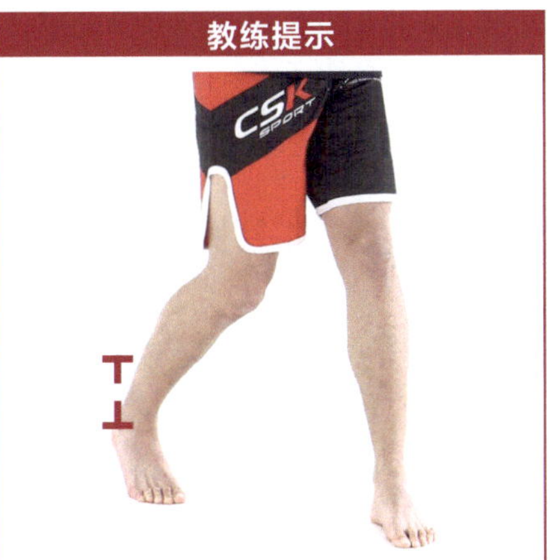

出拳时，后脚跟抬起有明显的蹬地动作，完全地支撑身体，协同身体形成向前的力，使后手拳更有力度。

其他角度

前手摆拳

简介

摆拳是外线拳。当我们前面有障碍物或者通过内线无法达到目的时，要通过外线绕过障碍和防守来打击目标。前手摆拳离对方更近，在更近的位置来打击对方的外线，这样可以丰富我们的打击路线。

扫描二维码看动作视频

其他角度

不要向外侧抬肘。

1 基础抱架准备。

2 前手引领手臂，向斜前方45度角方向伸展，前脚蹬地。

知识要点

初学者开始练习时，会找不到发力点，出拳发不上力，这是很正常的现象。这时可以适当增大身体的出拳幅度，幅度越大越容易找到发力的感觉，一旦找到发力的感觉，再把动作幅度减小变成规范的技术动作。

速记口诀

画三角，幅度小，没有力，抡着找。这样可以帮助你更好地去练习摆拳。

教练提示

摆拳打出后没有击中目标或空拳练习时，出拳的拳头尽量不要超过身体的中线，否则会影响下一步的动作。

前手出拳时，后手作为防守手不要后拉。

摆拳击中目标时，肘关节不要伸直。

其他角度

3 前手由外向内出拳，且拳心旋转向下，同时手臂屈肘上抬至与肩部平行。

后手摆拳

简介

后手摆拳是后手外线拳，相较于前手摆拳来说，力量更大，击打距离更远。其仅次于后手直拳，可以说是最远最重的外线拳。

扫描二维码看动作视频

其他角度

1 基础抱架准备。

2 前手引领手臂，向斜前方45度角方向伸展，后脚蹬地内旋。

知识要点

打摆拳时，不要下拉拳头抬肘出拳。

速记口诀

画三角，幅度小，没有力，抡着找。这样可以帮助你更好地去练习摆拳。

教练提示

出后手摆拳时，脚要蹬地，用来协调整个身体的支撑。这时的身体动态与后手直拳相似，出直拳时手臂是向前的推力，出摆拳时是侧向的力。脚蹬地支撑可以使后手拳更有力，没有这个支撑，重拳就很难打出来。

击中目标时，手肘不要伸直。

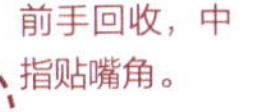

前手回收，中指贴嘴角。

其他角度

3 后脚继续蹬地内旋，后手由外向内出拳且拳心旋转向下，同时手臂屈肘上抬至与肩部平行。

前手勾拳

简介 勾拳的出拳线路是由下向上的，可以从下方攻击对方头部或者腹部，是丰富我们打击线路的一个拳法。

其他角度

1 基础抱架准备。

2 前手拳头下拉，低于进攻目标，前脚蹬地。

知识要点

速记口诀

金刚狼，尖朝前，划不伤，捅得棒。

在练习时，我们可以把自己想象成金刚狼，手有刀，在我们出拳时旋转拳头，相当于刀尖冲前。有时出拳线路恍惚，就像金刚狼刀尖在划伤对手，这样攻击力量分散不够集中，伤害力很小；而用捅的方式出拳，目标清晰不犹豫，从而达到最大的进攻效果。无论哪种出拳线路，出拳时都是假想刀尖插向对方。

教练提示

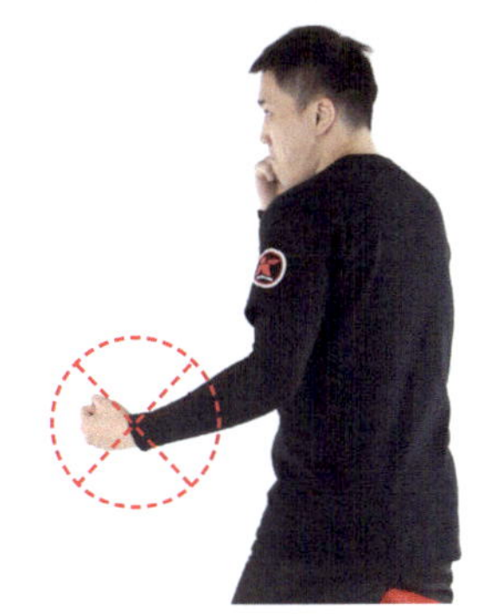

不要下拉过多出拳。前手位置是用来防守的，如果下拉过多就失去了防守的作用，因此，前手勾拳的要求是拳头低于目标就可以向前伸展了。

出拳时，不能抬肘过高。

其他角度

拳头必须充分旋转，否则容易受伤。

3 拳头引领手臂向前向上伸展，向前送肩，旋转拳头，拳心面对自己。

后手勾拳

简介

后手勾拳的出拳线路也是由下向上的，由于是后手拳，攻击时可以达到更大的力量。主要是由下往上的重拳或者干扰拳。

扫描二维码
看动作视频

1 基础抱架准备。

2 后手拳头下拉，低于进攻目标，后脚蹬地。

知识要点

后手勾拳的要领与前手勾拳相似，拳头旋转要充分，不要让手指受伤；出拳下拉幅度不要过大，出拳的方向和肘关节的角度决定我们打击的距离。如果肘关节角度小一些，打出的就是近距离的勾拳；反之，角度大一些，打出的就是远距离的勾拳。如果对手比较高大，相对来说自己在距离上有劣势，可以利用小距离勾拳进攻。

速记口诀

后手勾拳口令与前手勾拳一样：金刚狼，尖朝前，划不伤，捅得棒。

教练提示

出拳时重心不要上移。出勾拳时，身体会错误地随惯性跟随出拳动作，使重心移动，这样会不利于防守。

其他角度

3 拳头引领手臂向前向上伸展，后手侧转脚转髋，向前送肩，旋转拳头，拳心面对自己。出拳的同时，前手自然回收至脸侧。

3 肘法

肘法是各种肘击技术的统称，肘击顾名思义就是用肘部击打对方。肘击方法有很多种，如平肘、挑肘和冲肘。

前手平肘

简介 平肘的攻击方向是横向的。前手距离对手较近，使用前手平肘攻击可以近距离打击对手。

扫描二维码
看动作视频

不要握拳。

1 基础抱架准备。

2 前手抬肘，后脚蹬地，前手拳头张开，小臂横于面前。

其他角度

肘部横向移动。

知识要点

练习肘击时，要注意无论何种肘法，出击手一定不要握拳。

经常训练的人可以感受一下，在握拳时，小臂上靠近肘关节的肌肉就会凸起，形成肉垫，那么肘关节对对手的打击就会变轻。手在张开时，整个小臂和肘关节的骨头就会凸出，这样使用肘击打击对手会更有力度。

平肘练习的好习惯，就是抬肘时使掌心向前，这样骨头最为凸出，打击效果明显。

3 快速转体转髋，使肘关节横向移动，最终肘关节向前。

后手平肘

简介

后手平肘与前手平肘的攻击方向一样是横向的。后手重击，会有更有效的进攻效果。

扫描二维码看动作视频

前手回收。

1 基础抱架准备。

2 前手自然回收至脸侧，后手手肘抬起，后脚蹬地，后手拳头张开，小臂横于面前。

肘击时攥拳是错误的，这种错误在初学者里很常见，练习时要重点注意动作的规范。

3 快速转体转脚转髋，使肘关节横向移动，最终肘关节向前。

前手挑肘

简介 挑肘的攻击方向是向上的，用手摸后脑，寻找手肘向上挑的力量。前手距离对手近，使用前手挑肘攻击可以近距离打击对手。

扫描二维码看动作视频

1 基础抱架准备。

2 前侧手臂抬肘，后脚蹬地，前手拳头张开，小臂垂直于地面。

其他角度

肘部快速上挑。

知识要点

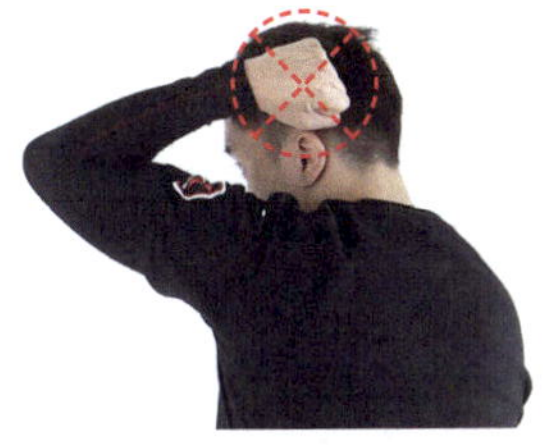

挑肘时，手握拳也是错误的。手应该张开，并轻触自己的后脑。

图中手肘向外张开，明显暴露面部，属于外线挑肘，技术要领错误。前手在攻击时，后手也要起到防守的作用。

3

快速转体转髋，用手摸自己的后脑，使肘关节由下向上移动，最终肘关节向前。

后手挑肘

简介

后手挑肘与前手挑肘的攻击方向一样，都是向上的线路。后手重击，会有更有效的进攻效果。

1 基础抱架准备。

2 前手自然回收至脸侧，后侧手臂抬肘，后脚蹬地，后手拳头张开，小臂垂直于地面。

其他角度

知识要点

使用肘击时需要注意，不要总想使用重击。肘击重击是需要一些时机和距离的，其实只要肘部扫出去，肘击的目的也就达到了，并不需要刻意追求重击效果。

有句话叫：肘过如刀。只要肘部蹭到对方，就有可能达到明显的进攻效果。很多职业运动员在实战中使用肘击，其目的不是重击对手，而是划伤对手，引起流血从而影响对手的状态。

肘部快速上挑。

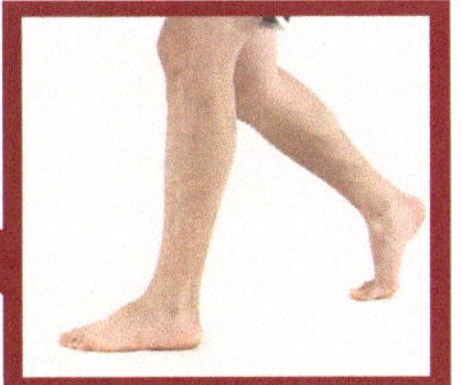

后脚前脚掌点地，脚跟抬起，方便转体。

3 快速转体转脚转髋，用手摸自己的后脑，使肘关节由下向上移动，最终肘关节向前。

前手冲肘

简介

冲肘的攻击方向是向前的。前手抱住自己的后脑，肘关节冲前，送肩或者送肩同时上步。利用向前冲的力，在近距离划伤对手，达到进攻效果。

扫描二维码看动作视频

1 基础抱架准备。

2 前侧手臂抬肘，后脚蹬地，肘关节向前，前手拳头张开，用手抱住自己的后脑。

其他角度

知识要点

冲肘时，不要握拳，手需张开，并抱住自己的后脑。

3 快速转体转髋，向前送肩或者送肩同时上步，肘关节前冲。

后手冲肘

简介

后手冲肘与前手冲肘的攻击方向一样，都是向前的线路。后手抱头，送肩或者送肩同时前脚上步，后手重击，会有更有效的进攻效果。

1 基础抱架准备。

2 前手自然回收至脸侧，后侧手臂抬肘，肘关节向前，后脚蹬地，转脚转体转髋，后手拳头张开，用手抱住自己的头部。

其他角度

教练提示

冲肘不送肩是错误的。冲肘很重要的力量来源是向前送肩时产生的力。快速转体转髋同时向前送肩。

3 快速转体转髋，向前送肩或者送肩同时上步，肘关节前冲。

4 腿法

腿的进攻方法很多，变化也很丰富，在不同的流派里都有腿法，常见的如跆拳道、空手道及自由搏击，都有腿法的应用。

前腿低扫

简介 这里讲的低扫是比较基础简单的腿法。前腿低扫的主要作用是中远距离的控制，打击目标是小腿、大腿等部位。低扫时，膝盖不必抬太高。

扫描二维码
看动作视频

1 基础抱架准备。

2 后脚位置不动，前腿屈髋提膝，脚背绷直。

其他角度

3 保持重心稳定，转支撑脚转髋，抬起的腿向对侧旋转伸展。

4 挺髋，前侧的手臂快速伸直后摆，同时抬起的腿向对侧踢直且与地面的夹角远小于90度。

后腿低扫

简介

后腿低扫和前腿低扫的动作一致，后腿腿法的支撑脚转动会更大，一开始练习提膝、转脚、转髋时，很难连续完成，这时可以先不转支撑脚，而只进行单纯的提膝出腿练习。

扫描二维码看动作视频

1 基础抱架准备。

2 转支撑脚，后腿屈髋提膝，脚背绷直。

其他角度

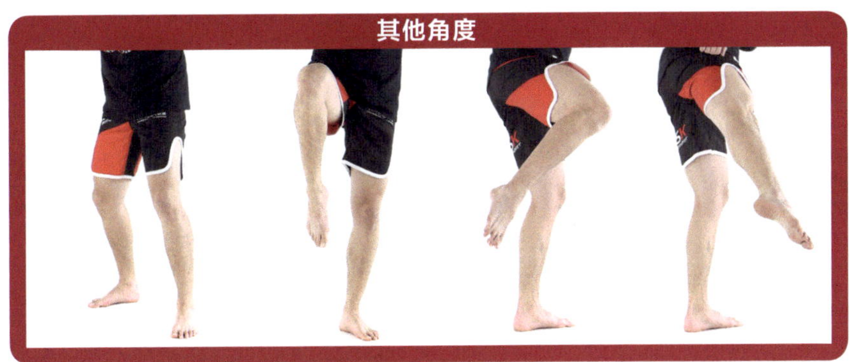

踢腿时不挺髋是错误动作。

3 保持重心稳定，再次转支撑脚转髋，抬起的腿向对侧旋转伸展。

4 挺髋，前侧的手臂快速伸直后摆，同时抬起的腿向对侧踢直且与地面的夹角远小于90度。

前腿中扫

简介 中扫也是比较常见的腿法。前腿中扫的主要作用是中远距离的控制，打击目标靠上，如大腿和身体躯干等部位。中扫时，提膝至大腿与地面平行。

扫描二维码看动作视频

1 基础抱架准备。

2 后脚位置不动，前腿屈髋提膝，脚背绷直。

其他角度

3 保持重心稳定，转支撑脚转髋，抬起的腿向对侧旋转伸展。

4 挺髋，前侧的手臂快速伸直后摆，同时抬起的腿向对侧踢直且约与地面平行。

后腿中扫

简介

后腿中扫和前腿中扫的动作一致，但转脚角度大，踢腿高度高，有一定难度。可以先把技术动作分割进行一步步练习，然后进行完整技术练习，更容易接受。

扫描二维码看动作视频

用前脚掌来支撑旋转，不要用脚跟。

1 基础抱架准备。

2 转支撑脚，后腿屈髋提膝，脚背绷直。

其他角度

知识要点

在出腿之后，对侧手的位置不要过低，要起到防守保护的作用。

3 保持重心稳定，再次转支撑脚转髋，抬起的腿向对侧旋转伸展。

4 挺髋，前侧的手臂快速伸直后摆，同时抬起的腿向对侧踢直且约与地面平行。

前腿高扫

简介

高扫腿法难度很大，初学者谨慎练习。开始练习时，平衡较差的训练者可以一手扶墙来练习提膝、转髋、伸腿、摆臂，这样身体会稳定很多。高扫的打击目标较高，主要是头部。

扫描二维码
看动作视频

知识要点

一般来说，膝盖能抬多高，腿就能踢多高。提膝训练可以帮助提高训练效果。

1 基础抱架准备。

2 后脚位置不动，前腿屈髋提膝，脚背绷直。

其他角度

3 保持重心稳定，转支撑脚转髋，抬起的腿向对侧旋转伸展。

4 挺髋，前侧的手臂快速伸直后摆，同时抬起的腿向对侧踢直且与地面的夹角大于90度。

后腿高扫

简介

后腿高扫与前腿高扫动作要点相似，也是难度很大的腿法，但都是非常有效的进攻方法。

扫描二维码看动作视频

知识要点

如果目标距离较远，一般用脚背打击目标；如果目标距离较近，则用小腿胫骨直接攻击。

1 基础抱架准备。

2 转支撑脚，后腿屈髋提膝，脚背绷直。

其他角度

3 保持重心稳定，再次转支撑脚转髋，抬起的腿向对侧旋转伸展。

4 挺髋，前侧的手臂快速伸直后摆，同时抬起的腿向对侧踢直且与地面的夹角大于90度。

5 膝法

膝法，就是用膝盖打击对手（简称膝击）的攻击方法。通常是中近距离打击对手，主要有顶膝和飞膝。

前腿顶膝

简介

顶膝打击的目标主要是对手的躯干，也可以进攻头部。进攻不同部位时，动作控制十分重要。

扫描二维码看动作视频

1 基础抱架准备。

2 前腿提膝，脚背绷直，大腿与地面平行，膝盖向前。

知识要点

练习顶膝时要注意，提膝时脚背要绷直，不能勾起。

顶膝击腹时，需要挺髋，而击头时不用挺髋。

在近距离攻击时，不要向前挺髋，而是使膝盖尽量向上提，去找自己头部的方向。

速记口诀

击腹挺，击头收。击打腹部时，需要挺髋；如果是击打头部，需要收髋。

教练提示

含胸驼背未挺髋，是顶膝技术中常见的错误。挺髋是重要的攻击手段，可以达到较好的进攻效果。

其他角度

3 快速转脚挺髋，向前顶膝，前侧手臂随之伸直后摆。

后腿顶膝

简介

后腿顶膝与前腿顶膝要领相似，但后腿属于重击，会有更有效的进攻效果。

脚背绷直。

1 基础抱架准备。

2 后腿蹬地发力提膝，脚背绷直，大腿与地面平行，膝盖向前。

知识要点

实战中采用顶膝膝击时，要抓住对方往自己的方向拉，原则是准备起哪一侧的膝，就把对手往相应的方向拉，右膝攻击右侧拉，左膝攻击左侧拉，这样的进攻效果最佳。

膝法有专项的耐力和力量练习：双手扶墙，反复提膝，膝盖尽量向上，不要挺髋，左右交替，连续训练2~10分钟，加强相关肌肉的耐力。

教练提示

顶膝时勾脚背是错误姿势。用膝盖攻击时，膝盖需要暴露在最前面，勾脚背不仅容易使脚部受伤，还会影响攻击效果。

其他角度

3 快速转脚挺髋，向前顶膝，对侧手臂快速回收至脸侧，同侧手臂随之伸直后摆。

飞膝

简介

飞膝是起跳用膝盖攻击的膝法，属于膝击中技术难度较大的动作，需要有较好的身体素质，才能在跳跃时保持正确的动作。该动作比普通膝击动作的攻击强度更大，打击效果更好。

扫描二维码看动作视频

1 基础抱架准备。

2 双脚位置不变，屈膝屈髋，降低重心，准备起跳。

3 双脚蹬地向上方大力跳起，前腿在空中向后屈膝，后腿在空中向前屈膝以攻击目标。

4 自然下落，屈膝屈髋缓冲。

6 步法

“教拳不教步，教步打师傅。”步法在综合格斗中的应用非常重要，甚至超过手上的动作。

上步

简介

上步是向前走的步法。步法主要用来控制与对手的距离，在实战中要根据进攻和防守的时机，灵活运用上步步法。

扫描二维码看动作视频

前脚向前上步。

1 基础抱架准备。

2 后脚蹬地且脚跟微微抬起，前脚上步。

其他角度

教练提示

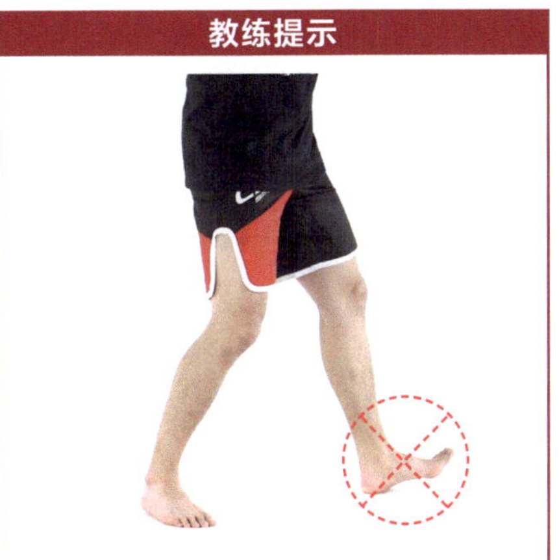

不要脚跟着地向前行走。应前脚掌着地，脚跟微微抬起，便于快速移动，调整步法。

跟步距离不要太近，不要变成并步。

后脚跟步，与前脚上步的距离相同。

知识要点

步法训练需要花时间不断地练习，走的过程中要注意，上步后，两脚之间的前后距离和左右距离与基础抱架时对比没有改变。无论移动到什么位置，两脚之间距离没有变化。

速记口诀

牢记五不口诀。两脚之间不交叉，不并脚，不跳跃，不犹豫，不走一条线。

3 后脚跟步且脚跟微微抬起，完成后两脚之间的距离与初始距离相同。

撤步

简介 撤步就是后脚向后退，身体向后移动的步法。向后撤步，先后脚移动，再前脚跟步，步伐距离不要太大，保持身体重心不要剧烈变化。

扫描二维码看动作视频

1 基础抱架准备。

2 前脚蹬地，后脚向后撤步。

其他角度

教练提示

无论何时，迈步距离都不能过大。距离过大会使重心移动过慢，上下起伏。

知识要点

步法移动的过程中，身体重心不要上下起伏，起伏过大意味着减缓甚至打乱了原有的节奏，从而在进攻或者防守时，难以正常发挥。值得说明的是，许多运动员感觉是在跳跃，实际是脚步快速地前后移动，而不是双脚离地的跳跃。

速记口诀

牢记五不口诀。两脚之间不交叉，不并脚，不跳跃，不犹豫，不走一条线。

3 前脚跟步且脚跟微微抬起，完成后两脚之间的距离与初始距离相同。

左移

简介

左移就是向身体左侧移动的步法。左移时，先左脚动，再右脚跟上，移动后两脚之间的距离不变。

扫描二维码看动作视频

左脚向左移动。

1 基础抱架准备。

2 右脚向右侧蹬地，左脚向左迈步。

知识要点

实战中，不要走一条线。也就是说，不要总是往一个方向移动，每一个方向都要走动。如果对手来追击，一味向后退步逃跑是没有意义的，灵活地转换方向，才有好的进攻机会。

速记口诀

牢记五不口诀。两脚之间不交叉，不并脚，不跳跃，不犹豫，不走一条线。

教练提示

无论是前后还是左右方向，两脚都不能并成一条直线。否则会使身体重心不稳，造成防守失位。

3 右脚跟步且脚跟微微抬起，完成后两脚之间的距离与初始距离相同。

右移

简介 右移就是向身体右侧移动的步法。右移时，先动右脚，再左脚跟上，移动后两脚之间的距离不变。

扫描二维码看动作视频

1 基础抱架准备。

2 左脚向左侧蹬地，右脚向右迈步。

知识要点

练习时，找一面镜子，不断地练习向前后左右不同方向的步法，每天练习10分钟，坚持几个月，就可以发现步法的稳定性有明显提高，出拳时腿部的基本功也会扎实许多。

速记口诀

牢记五不口诀。两脚之间不交叉，不并脚，不跳跃，不犹豫，不走一条线。

教练提示

无论是前后还是左右方向，两脚都不能并成一条直线。否则会使身体重心不稳，造成防守失位。

左脚跟步，与右脚迈步的距离相同。

3 左脚跟步且脚跟微微抬起，完成后两脚之间的距离与初始距离相同。

7 躲闪

格斗技术中，躲闪是一种有效的防守技术。在躲闪中可以寻找对方的漏洞，伺机进攻。

左右侧闪

简介 左右侧闪就是身体快速向左右两侧闪避的动作，向目标方向直线移动时，可以以极快的速度躲避对手的攻击，是基础的躲闪技术。

扫描二维码看动作视频

1 基础抱架准备。

2 双脚位置不变，屈膝屈髋，降低重心，向右侧闪避。

知识要点

练习时，左右两侧各闪避一次后，回到基础抱架姿势。多次反复的练习，可以提升自己的速度和意识，形成肌肉记忆后，能够在对方出拳的瞬间做出正确的判断。躲闪练习也可以加强下肢力量训练，对出拳的稳定性也有帮助。

教练提示

实战中，用侧闪快速躲避对手的后手重拳攻击后，可以把握进攻机会，出拳攻击。

3 上半身及髋部左转，同时后腿进一步屈曲左转，后脚内旋，向左侧闪避。

4 回到起始姿势。重复前面步骤，进行连续训练。

左右摇闪

简介

摇闪与侧闪同为躲闪动作，但运动线路大有不同。侧闪是躲闪直线进攻，摇闪是躲闪外线进攻。摇闪是向目标方向曲线移动，摇摆的运动轨迹不仅可以躲避进攻，同时也可以用假动作迷惑对手。

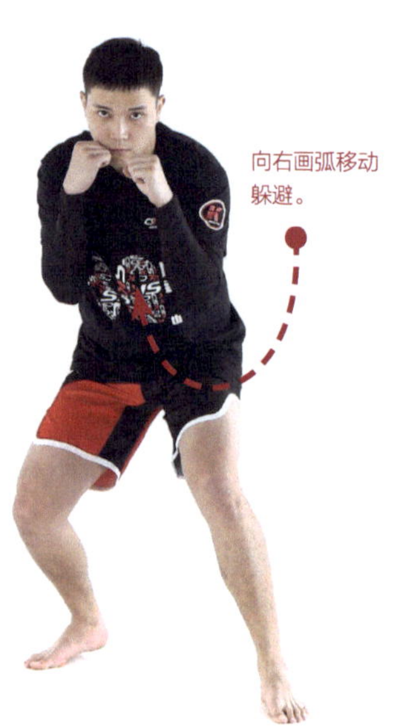

1 基础抱架准备。后脚蹬地，身体先向左移动。

2 屈膝屈髋，降低身体重心，最终身体画弧线移向右侧。

知识要点

练习时，从左至右和从右至左，每次完成都要回到基础抱架姿势，再进行下一次动作。

要注意不要过度下蹲降低重心，同时，做动作时眼睛要注意观察，实战时更要眼睛紧盯对手，便于下一步反击或进一步防守。

教练提示

灵巧型的选手会充分利用摇闪来迷惑对手，消耗对手体力，从而找出对手的破绽，进行反击。

3 回到起始姿势。身体向右侧移动。

4 屈膝屈髋，降低身体重心，最终身体画弧线移向左侧。

8 格挡

格挡技术也是格斗中很重要的防守技术，不仅有上肢攻击的格挡，也有腿部攻击的格挡。

直拳格挡

简介

直拳是正面直线攻击的拳法，在防守直拳时，手背、手腕连同小臂，都要起到保护的作用，主要防守头部正面。

扫描二维码看动作视频

格挡时不要闭眼，注视对手的攻击，会更好地判断对手的下一步动作。

1 基础抱架准备。“粉色”（拳套颜色，本书中指戴着该颜色拳套的人）防守，“金色”（拳套颜色，本书中指戴着该颜色拳套的人）进攻。

2 “金色”前手直拳进攻，“粉色”前手迎上格挡。

知识要点

采用直拳格挡时，拳需抵住额头，拳心向内，但不要挡住自己的视线，眼睛直视对手，不要犹豫，仔细观察对手的动作意图，前手防前手直拳，后手挡后手直拳。

教练提示

格挡时，拳离头部太远，不仅不能防守对方的攻击，反弹至面部还会对后续的动作产生影响。

3 “金色”后手直拳进攻。“粉色”转脚转髋转身，后手迎上格挡，前手回收至脸侧。

4 回到起始姿势。两人交替进行防守和进攻训练。

摆拳格挡

简介

摆拳属于侧面外线拳，在防守摆拳时，用与攻击同侧的手进行防守，手背、手腕连同小臂，都要起到保护的作用，主要防守头部侧面。

1 基础抱架准备。“粉色”防守，“金色”进攻。

2 “金色”前手摆拳进攻，“粉色”转脚转髋转身，后手迎上格挡，前手回收至脸侧。

知识要点

摆拳格挡姿势与直拳格挡相似，拳心向内，拳抵额头，不挡视线，观察对手。只是防守时出手有变化，后手防前手摆拳，前手挡后手摆拳。

教练提示

格挡时，手臂不要抬得过高以至手肘向前，把身体完全暴露在外。

3 “金色”后手摆拳进攻。“粉色”前手迎上格挡，后手保持在防守位置。

4 回到起始姿势。两人交替进行防守和进攻训练。

勾拳格挡

简介

勾拳的线路是由下向上的，防守勾拳时，手臂位置略靠下一些，用与攻击同侧的手进行防守，可以让勾拳的防守左右更加协调。

扫描二维码看动作视频

格挡时不要转身过多。

1 基础抱架准备。“粉色”防守，“金色”进攻。

2 “金色”前手勾拳进攻，“粉色”转脚转髋转身，后手迎上格挡，前手回收至脸侧。

知识要点

采用勾拳格挡时，拳心向内，拳抵颧骨，不挡视线，观察对手。转身幅度比之前采用直拳格挡时要大。后手防前手勾拳，前手挡后手勾拳。

教练提示

格挡时，手护太低也是错误的姿势。拳头抵住面部下半部，能够有效地防守勾拳从而保护头部。

3 “金色”后手勾拳进攻。“粉色”前手迎上格挡，后手保持在防守位置。

4 回到起始姿势。两人交替进行防守和进攻训练。

提膝格挡

简介

提膝格挡，顾名思义是抬腿提膝来防守。主要防守对手的中低高度的腿部攻击。防守时，手的基础抱架不要失去，还是要持续进行头部的保护。

扫描二维码看动作视频

1 基础抱架准备。“粉色”防守，“金色”进攻。

2 “金色”后腿进攻，“粉色”前腿向外侧抬起迎上格挡，保持身体平衡。

知识要点

采用提膝格挡时，用对方腿部攻击的同侧腿来进行防守，向外向上抬腿提膝，抬起侧的腿向外展，不要内收，尽量用膝盖及靠近膝盖的小腿来防守。

教练提示

格挡时，脚背要绷直。这样从膝盖经小腿到脚面会有更大的防守面积，同时也可以防止脚部受伤。

格挡时抬起腿未外展。

3 换腿攻击时，用同侧腿迎上防守。

4 回到起始姿势。两人交替进行防守和进攻训练。

9 组合拳

组合拳就是多种拳法组合，主要目的是以更丰富的招式、从更多的方位进攻。

直摆组合

简介 这里介绍的是前后直拳接前手摆拳的组合。要注意，在出拳过程中，不管出拳的是哪只手，不管是出的哪种拳，不出拳的手都要自然而然地回防。

1 基础抱架准备。前手直拳出击。

2 转髋转脚转身，前手回收，接后手直拳。

其他角度

3 接前手摆拳。

4 回到起始基础抱架姿势，进行连续训练。

直勾组合

简介

这里介绍的是前后直拳接前手勾拳的组合。要注意，每一拳都要完整，都要伸展到最长，不要因为是组合拳就忽略某一拳的完整度，若每一拳都给对手造成重创，那么这就是一套完整而优质的组合拳。

扫描二维码
看动作视频

出拳时，防守手不要下拉。

1 基础抱架准备。前手直拳出击。

2 转髋转脚转身，前手回收，接后手直拳。

其他角度

3 接前手勾拳。

4 回到起始基础抱架姿势，进行连续训练。

勾摆组合

简介

这里介绍的是前后上勾拳接前手摆拳的组合。每次出拳时，身体和重心的转移都可以作为另一只手出拳的力量储备。比如前手勾拳出完，身体重心略微向右侧倾斜，这个时候正好给后拳蓄力；后手勾拳击出后，重心向左侧倾斜，这就为前手的下一拳蓄力，这样组合拳中的每一拳都会很有力量，而且不会失去重心。

扫描二维码看动作视频

1 基础抱架准备。前手勾拳出击。

2 转髋转脚转身，前手回收，接后手勾拳。

其他角度

3 接前手摆拳。

4 回到起始基础抱架姿势，进行连续训练。

拳腿组合

简介

这里介绍的是前后直拳接前手摆拳接后腿中扫的组合。出拳时，无论什么情况都不要失去重心。大多数情况下不太可能一击到位，需要多拳的连续组合才能击到对手，也可以在多次使用上肢假动作之后，接腿部的重击，这种灵活的打击线路也是制胜的技巧。

扫描二维码看动作视频

1 基础抱架准备。前手直拳出击。

2 转髋转脚转身，前手回收，接后手直拳。

其他角度

3 接前手摆拳。

4 用后腿中扫进行重击。回到起始基础抱架姿势，进行连续训练。

近身拳腿组合

简介

这里介绍的是前后上勾拳接前手摆拳接后腿顶膝的组合。如果与对手的距离较近，这组拳腿组合就十分好用。两次勾拳的攻击线路是由下至上的，摆拳属于外线拳，它们的攻击距离都比直拳近，最后的膝击也是用于近距离进攻，比腿击的施展空间小，恰好作为最后的重击。

1 基础抱架准备。前手勾拳出击。

2 转髋转脚转身，前手回收，接后手勾拳。

其他角度

3 接前手摆拳。

4 用后腿顶膝进行攻击。回到起始基础抱架姿势，进行连续训练。

10 空击

空击是模拟出拳练习，可以作为热身，但更多的是模拟实战比赛，进行技术和战术的训练。

条件空击

简介

条件空击指有一定要求的空击练习，这里示范的是直拳加步法的条件空击。初学者需要先熟练掌握拳法，在原地训练的基础上加上前后左右的步法移动，最后还可以加入闪避动作。

扫描二维码
看动作视频

直拳空击。

配合步法的空击。

说明

初学者一开始很难打出十分有效且专业的空击，练习时可以把技术动作一步一步叠加。开始时可以做原地空击（如只做直拳的空击），之后再加上脚下步法，在移动过程中出直拳。在做过直拳之后，再添加其他的拳法，如添加摆拳、勾拳。

自由空击

简介

自由空击更侧重于模拟实战，是针对假想对手进行全面的战术训练。其中包括的内容更加丰富，组合更加多变，这需要练习者有丰富的实战经验。

假想一名对手，围绕其运动。

打出有节奏的组合拳。

模拟对手攻击，进行格挡。

模拟对手擅长近身抱摔，做出防抱摔练习。

在拳法组合之后使用膝击。

模拟远距离控制对手使用踢击。

说明

空击过程中，要不断地想象前方有对手，如果对手向前进攻，自己要向后；如果对手被我打退了，我就要接着跟上去；如果对手继续上前并且自己退不了，我就要闪身让开，同时出拳，要有还击意识。远距离有控制，近距离有攻击和防守。这样使空击不断地进化和适应，更接近实战状态。

11 摔法

格斗技术中，摔法也是一项攻击技术，可以使对手失去重心，从而便于进攻。

抱单腿摔

简介

抱摔是使对手倒地失去攻击力的进攻方法，可以消耗对手的体能，或者配合地面技术控制对手行动。抱单腿摔是以对手一条腿为目标的抱摔，目标通常为前腿。

扫描二维码
看动作视频

抱腿时，头不要在对手的身体外侧。

1 基础抱架准备。后脚快速上步至对手前脚侧，屈膝屈髋俯身盯住目标。

2 快速靠近对手，双手抱住对手前腿大腿靠近膝盖处，抬起对手的前腿。

知识要点

上步靠近对手时，要迅速不要犹豫，动作果断，眼睛直视对手，不要先低头看对手的腿，使对手预先知道进攻意图。抱腿时不要因为害怕而头部过低，这样会对判断后续撤步的方向造成干扰。

教练提示

抱单腿时，位置不能过浅，否则不仅不能控制对手，还容易使对手挣脱，使后边的技术失去作用。

抱腿时，不要低头。

3 头部顶住对手躯干，脚下撤步后拉抱住的单腿，使对手失去重心。

4 对手最终摔倒在地。回到起始基础抱架姿势，进行连续训练。

抱双腿摔

简介

抱双腿摔可以完全限制对手的动作，使其失去进攻能力。该技术以对手双腿为目标，动作难度较大，注意自身的平衡，不要失去进攻优势。

1 基础抱架准备。快速上步贴近对手，屈膝屈髋抱住对手双腿。

2 双腿发力站直，同时将对手用双手抱起扛于肩上。

知识要点

抱双腿摔与抱单腿摔的上步动作相似，靠近对手时要迅速，不要犹豫，动作果断，身体尽量靠近对手，抱起时会更省力。不要因为害怕而离对手太远，这样对手容易逃脱，使后续抱起的动作无法完成。

教练提示

抱腿时，不要双膝跪地。身体重心过低很难摔倒对手，而且也会被对手控制导致很难站直身体。

3 双手抱对手双腿，用肩部顶对手胸部，使对手向下翻转。

4 对手失去平衡，摔在地上。回到起始基础抱架姿势，进行连续训练。

插捧练习

简介

插捧练习是插捧绊摔的上肢动作训练。熟练地掌握之后，可以更好地控制对手靠近自己，使其不能逃脱，从而进行后续的下肢动作绊摔。

扫描二维码看动作视频

1 两人面对面站立抱住对方。接着两人同时屈肘抬起右臂，右手五指并拢且掌心向外。

2 两人伸直右臂并用右手穿过对方的腋下，同时一方右腿上步，另一方左腿后撤步。

知识要点

插捧练习是两人相对训练，注意两人的手臂始终是一上一下。穿过对手腋下时，掌心要保持向外，在上捧动作时，再转向内，这样对手的相应手臂就会被控制，不便于发力。

两人练习时，各自的脚步要随之变化，在插捧时要保持自身的重心稳定。

教练提示

插捧很重要的是上捧动作，这决定了搂抱对手的位置。没有上捧，搂抱位置低，就无法控制对手上半身的动作。

3 两人同时向上屈曲右臂，使右手上捧，掌心向内。

4 两人互相搂住对方肩背部。接着两人换另一侧进行连续训练。

插捧绊摔

简介

用插捧控制对手的上肢，使其不能逃脱，同时脚下使用绊摔动作，令对手失去重心摔倒在地，无法进攻。这是较为省力的摔法，但对上肢的控制要求较高。

扫描二维码
看动作视频

1 起始姿势为用插捧控制对手的上肢行动。

2 迅速将对手拉向自己，同时上右脚绊其小腿外侧。

知识要点

前面的插捧练习，只能在这个动作中控制对手的上半身，只有再配合脚部动作，才可以使对手失去重心倒地。绊摔时，脚上步发力，同时上半身也要发力拉动对手的身体，这样上下并举，才能更好地发挥作用，达到预期的目的。

只是脚发力而上身不动，是无法完成绊摔动作的。

3 脚发力，手臂抱住对手，趁其重心不稳时将其向后摔。

4 对手摔在地上。回到起始姿势，进行连续训练。

抱腰摔

简介

抱腰摔，顾名思义就是抱住对手的腰部，将其摔倒在地。抱腰时，手的搭扣姿势很重要，正确的搭扣可以使对手无法挣脱，自己更节省体力。

扫描二维码看动作视频

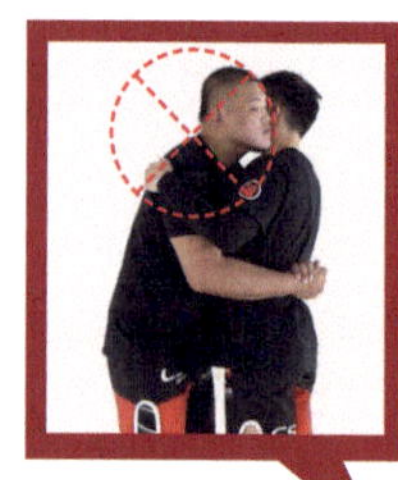

搂住对手腰部时，头部要顶住对手胸部。

1 在与对手面对面站立且互相抱住的情况下，屈肘抬起从外侧抱住对方的手臂，同时使该侧手五指并拢且掌心向外。

2 抬起的手臂穿过对手腋下，与另一只手在对手身后形成搭扣，同侧腿上步，屈膝屈髋，头顶对手胸部，手臂搂住对手腰部。

知识要点

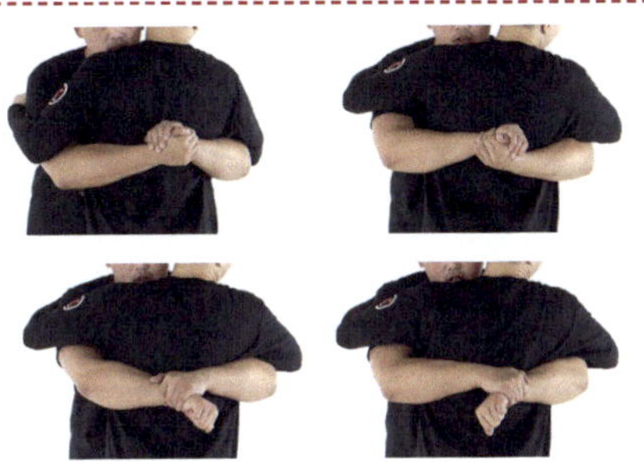

搭扣的方式很多，如上图中，左右手交握或者分别握住对侧手腕，都是正确的姿势。

若对手腰部较细，可以用两手相互握住手臂的搭扣，如左上图所示。反之，对手腰部较粗，则可以屈曲手指形成搭扣，如右上图所示。

教练提示

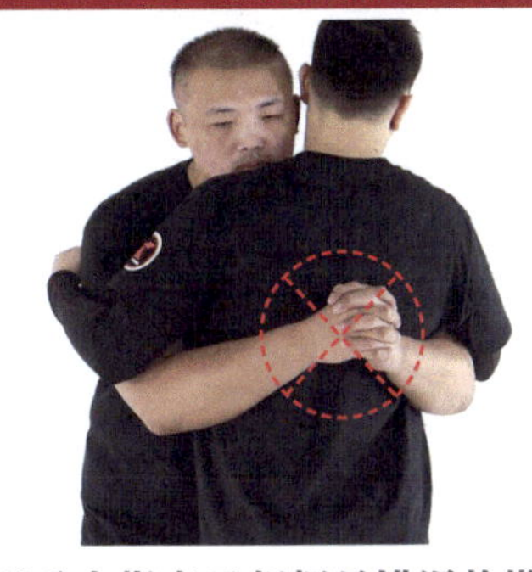

双手十指交叉相握是错误的搭扣方式。这样的握法很容易松脱，还会对手指造成伤害。

3 快速起身，同时手臂发力将对手拉向自己，使对手的身体失去平衡。

4 将对手向后摔倒在地。回到起始姿势，进行连续训练。

防抱摔

简介

前面的摔法都是进攻手段，这里讲解一下防守抱摔的方法。其主要目的就是防止对手近身，同时尽量控制对手，使其无法进攻。

扫描二维码
看动作视频

1 基础抱架准备（图中右侧为防守方，左侧为进攻方）。

2 进攻方低身靠近时，防守方迅速向前伸手准备控制对手。

知识要点

防抱摔要点：一是要控制对手的头部，使其无法进攻，也无法逃脱；二是要快速后撤步，使自己重心后移，并将对手拉至地面防止对手抱腿。

图❶是常见的防抱摔错误，双手抱住进攻方腋下，这样并不能很好地控制住对方头部。在图❷~图❹中，对手只要拉开一只手臂，就可以翻身逃脱，进而实施地面技进行攻击。

教练提示

两只手臂均在外侧是错误姿势，这样无法完全控制进攻方的头部，对方容易逃脱。

3 防守方将双手分别穿过进攻方的颈肩部和腋下，并在进攻方的胸前交握，形成搭扣，同时身体下压，双腿后跳步。

12 地面技术

格斗技术中的地面技术，是在对手摔倒失去重心后进一步控制对手的技术，如绞技、固技、锁技等。

裸绞

简介

在对手身后，双脚固定对手，手臂控制对手的头颈部，绞勒对手，从而迫使对手认输。

扫描二维码
看动作视频

手臂前伸过多，
容易被对手防守。

1 盘坐在对手身后，双腿控制对手，双手分别穿过对手腋下和颈肩部在对手胸前左侧形成搭扣。

2 穿过对手颈肩部的手臂进一步向后屈肘，以控制对手的头部，并尽量勾住对手的左肩。

知识要点

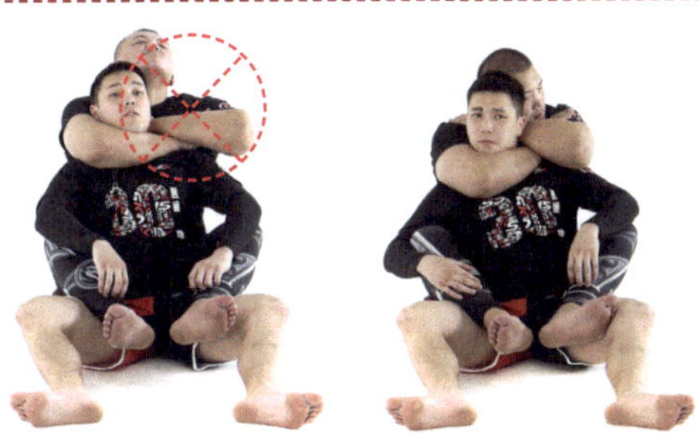

裸绞时，双腿持续控制对手腿部，手臂呈交叉双手勾住肩的姿势。手肘内侧贴紧对手颈部，双臂和身体都向内发力收紧，不要单纯地身体后仰向后勒对手颈部。

教练提示

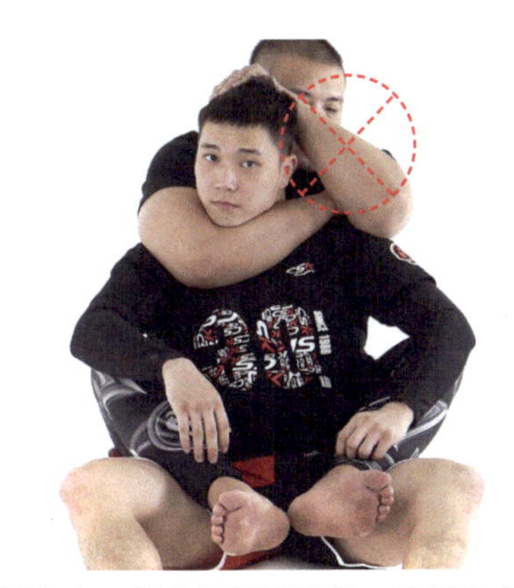

裸绞中，推头是错误姿势。这样发力不足而且容易被对手拉开破坏，不能有效地控制对手，迫使其认输。

3 勾对手左肩的手，搭向自己的左肩，另一侧手穿过对手后颈，同样尽量勾向自己的右肩。

4 双臂同时向后收紧，迫使对手认输。

十字固

简介 这是一种地面技，利用身体动作形成杠杆使对手肘关节形成反关节，可以达到有效进攻或迫使对手认输。

1 身体仰卧，双腿交叠盘在对手腰部，将对手的右臂拉至胸前正中部位。

2 手牢牢控制对手手臂，右腿保持搭在对手腰部，左腿蹬对手髋部以向右旋转身体。

知识要点

在图❶中，身体旋转不够。实战中，控制对手的手臂后，向其手臂对侧旋转，角度要到位，这样才能更好地控制对手。在图❷中，腿部未能压制头部。两腿需要分别压制对手的身体和头部，腿的位置不要过低。

教练提示

十字固最后阶段双腿不能搭扣。两腿需要分别控制对手的身体和头部，搭扣不便于实施技术。

搭腿的位置不能过低。

要控制对手的拇指向上。

3 身体旋转至与对手身体呈十字交叉状态，右腿上移至对手的腋下，限制其手臂的动作。

4 迅速将左腿抬起，压制对手的头部，向上挺髋，使对手肘关节形成反关节，迫使对手认输。

三角锁

简介

用腿控制对手头部，通过腿对对手形成压迫，这时手臂呈三角状锁扣对手，迫使对手认输。

扫描二维码看动作视频

控制对手单侧手臂。

不要控制对手双手，要控制单手。

1

身体仰卧，双腿交叠盘在对手腰部，将对手的右手拉至自己胸前，同时将其左手推向自己右腿外侧。

2

顺势用右腿压制对手左侧肩颈部，左腿上移至对手腋下，在对手身后形成搭扣。将对手右臂推至自己身体右侧。

知识要点

三角锁控制的是对手的头部和一侧手臂，使对手失去行动力。前半部分，要控制对手的一侧手臂，并拉向对侧；后半部分，搭腿时，要利用膝盖的屈曲形成牢固的搭扣。要注意，另一侧腿要穿过对手被控制手臂的腋下，进一步锁住手臂。

搭腿的位置不对，需要搭到膝盖窝。

3 右手控制对手右臂，左手拉控制对手头部的右腿，使其横于对手后颈，并将左腿膝盖窝卡在右腿上。

教练提示

将对手手臂拉向一侧是三角锁中很重要的一步，若不能，则会使对手挣扎逃脱。

4 双手将对手头部拉向自己身体，迫使对手认输。

木村锁

简介 由格斗大师木村政彦最早使用而得名，这种降服技攻击威力强、速度快，被广泛使用。

1 与对手面对面站立，一只手拉住对手一侧手腕后，快速从外侧上步，并用另一只手臂从对手肩部上方绕过。

2 位于对手肩部上方的手臂向后屈肘，并用手握住自己的另一侧手腕。

知识要点

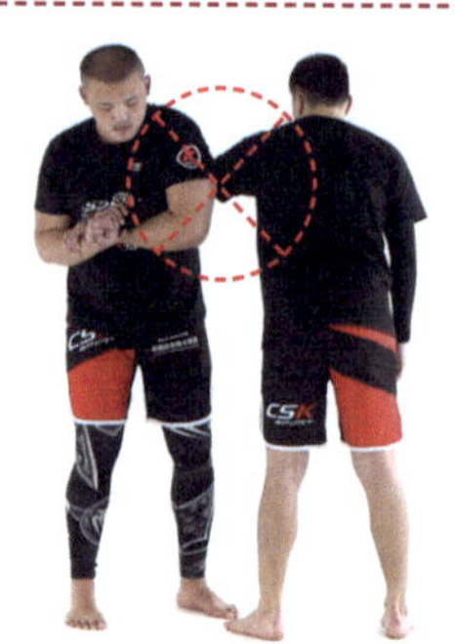

拉住对手的手臂后，要控制其相应的肩膀，而不是仅仅夹住手臂。控制肩膀可以更大程度地限制这一侧身体的运动。

教练提示

如果动作没有收紧，力量就不能形成整体，就无法使对手身体被迫向下，攻击效果就会大打折扣。

收紧动作。

3 手臂收紧，通过身体旋转发力将对手身体下压，将已控制的手臂掰向对手身体后侧。

4 继续施压，将已控制的手臂斜向上推起，从而迫使对手认输。

第4章

防反技术

在综合格斗技术中，不仅要掌握良好的攻击技术，还要具有一定的防守反击能力。防守和反击简称防反技术，有效的防反技术能给对手强力的一击，并消耗大量的体力。本章将从不同角度来讲解防反技术。

1 假动作进攻

格斗技术中假动作的使用也很普遍，不仅可以迷惑对手，还可以获得进攻主动权，提高攻击效果。

前手直拳假动作，后手直拳进攻

简介

前手直拳更靠近对手，可以骗过对手的防守，扰乱对手的视线，从而实现后手直拳的重拳进攻。要注意，假动作的目标位置和真正的进攻位置不宜为相同位置。

扫描二维码看动作视频

1 基础抱架准备。“粉色”进攻，“金色”防守。

2 “粉色”前脚上步，同时假意前手直拳进攻，目标为“金色”的右侧面部，“金色”被骗进行相应的防守。

知识要点

若假动作太假，导致对手判断出进攻意图，对手就不会进行相应防守，这样后面的进攻动作就没意义了。所以，即使是假动作，在减小发力的情况下，也要把动作做完整。

教练提示

真假动作的目标点相同时，通过对手的防守反应可知，后手直拳的效果并不会太好。

3 接着“粉色”迅速发力后手直拳进攻，目标为“金色”的左侧面部，“金色”来不及防守，“粉色”进攻成功。

后手直拳假动作，前手摆拳进攻

简介

后手直拳属于重拳，进攻效果显著。反其道作为假动作使用时，对手会更容易相信，而做出积极的防守，这时再用外线拳，越过防守发起进攻，效果更好。

扫描二维码看动作视频

1 基础抱架准备。“粉色”进攻，“金色”防守。

2 “粉色”假意后手直拳进攻，目标为“金色”的左侧面部，“金色”被骗进行相应的防守。

知识要点

假动作不仅动作有迷惑性，眼神的配合也可以骗到对手。此外，保持重心的稳定的同时，直线拳和外线拳配合使用，进攻手段更丰富。

教练提示

不要为了迷惑对手而使自己的重心过度前移，这样后续真正的进攻动作不易发挥。

出摆拳时重心不要过度前移，这样会失去后续组合拳进攻的机会。

3 接着“粉色”迅速发力前手摆拳进攻，目标为“金色”的右侧头部，“金色”来不及防守，“粉色”进攻成功。

前手直拳假动作，前手摆拳进攻

简介

前手直拳起到扰乱对手视线，影响其判断的作用。我们可以先通过前手直拳获得进攻机会，吸引对手防守中线，再使用外线摆拳进攻。由于这种假动作和进攻动作在同侧，对动作熟练度的要求较高。

扫描二维码看动作视频

1 基础抱架准备。“粉色”进攻，“金色”防守。

2 “粉色”前脚上步，同时假意前手直拳进攻，目标为“金色”的右侧面部，“金色”被骗进行相应的防守。

知识要点

前手假动作接前手摆拳进攻时，要求自身的出拳速度较快。直拳先迫使对手进行正面防守，扰乱其视线，再快速转换外线拳攻击，此时速度要快，动作幅度不要太大，使对手来不及反应，增大进攻的成功率。

教练提示

若假动作回收过大，会使对手发现自己的真正进攻意图，导致假动作失败。

3 接着“粉色”迅速发力前手摆拳进攻，目标为“金色”的右侧头部，“金色”来不及防守，“粉色”进攻成功。

前手直拳假动作，后低扫踢进攻

简介

前手直拳假动作在这里同样起到了迷惑、扰乱对手的作用。后续用腿部扫踢攻其不备，使对手难以预估判断，这便是一次成功的进攻。

扫描二维码看动作视频

出假动作时，防守手不要失位。

1 基础抱架准备。“粉色”进攻，“金色”防守。

2 “粉色”假意前手直拳进攻，目标为“金色”的头部，“金色”被骗进行防守。

知识要点

使用假动作时，防守手要保持其防守的位置，不要过早地失位，防止对手预判出下一步进攻方式。用拳腿配合的假动作进攻时，扫踢会使对手的重心不稳，要随时准备进行后续进攻，所以自身的重心一定要稳定，不可晃动过大。

教练提示

不要为了迷惑对方而使自己的重心过度前移，这样后续真正的进攻动作便不易发挥。

3 接着“粉色”后腿迅速发力低扫“金色”腿部，使“金色”的重心不稳。

组合拳假动作，抱双腿摔进攻

简介

利用打组合拳时对手重点防守面部的情况，趁其不备，进行抱摔，将对手摔倒在地并控制对手。

扫描二维码看动作视频

1

基础抱架准备。进攻方利用一系列组合拳作为假动作，目的就是让对手相信自己会连续用拳进攻，而忽略下肢的防守。

知识要点

在做组合拳假动作时，动作要完整真实，以给对手造成压迫感并转移其注意力，使后续的抱摔更易成型。在做拳法接摔法时应尽量做到无缝衔接，从而提高进攻的成功概率。

2 接着趁对手不备，快速上步靠近将其双腿抱住，抱起摔倒至地面。

对待不同对手的战术

对手不同战术不同，选对战术事半功倍。

对待高个子对手的战术

简介 自身的距离优势较少，多寻找中近距离进攻，针对对手的战术，要充分利用自身的速度优势和灵活的脚下步法，找到攻击机会进行打击。

反击战术

1

2

3

说明 在高个子对手出前手拳时，迅速降低自身重心，上步绕过对手的出拳，转到对手身体外侧，攻击其前手外侧身体。

迎击战术

说明

在高个子对手出后手拳时，其身体重心有变化，在对手没有调整好重心的瞬间，迎着对手低身靠近其身体，抱住其双腿，将其摔倒在地。

对待矮个子对手的战术

简介

自身利用身高臂长的优势打击对手，相应的战术也是限制对手优势的战术，主要的策略是防止对手近身。

进击战术

说明

在面对矮个子对手时，可以多用直线拳法和腿法，防止对手近身，创造更多的攻击机会。

知识要点

在身高悬殊的对手之间，高个子和矮个子相应的战术都是针对对手的弱点，限制对手的优点。两者之间攻守关系的转换，要通过快速判断场上形势来调整。

如果高个子选手移动慢，矮个子选手就会把握机会进行近身攻击，而防守矮个子选手就是防止其近身。

教练提示

对待身高相仿，但脚步灵活的对手，防近身战术同样奏效。

防近身战术

与对手拉开一定距离。

说明

面对矮个子对手时，抱架的前手可以尽量向前，同时拉开与对手的距离，防止对手靠近。

对待反抱架站姿对手的战术

简介 对战时遇到反抱架对手，这时最好的战术就是绕到其前手外侧，即只要限制对手的前手动作，就可以有更多的进攻机会，而且还可以躲避对手的后手重拳。

同为正抱架站姿的对手。

向对手前手侧走。

1 面对面站立，基础抱架准备，右侧为反抱架选手，对视有镜面效果。

2 观察对手，迅速向对手的前手外侧移动。

知识要点

通常来说，前手位置靠前的动作拥有控制权，可以最快速度展开进攻或控制距离进行防守。掌握前手主动权，有利于后手技术动作的发挥。针对反抱架选手，向其前手侧转移，躲避其前手，再防守反击，成功率就会大大增加。

教练提示

反抱架选手出前手拳后，身体外侧则会形成一个死角，利用死角防守，能更好地发动进攻。

3 在对手的死角处，用前手直拳或前手摆拳进攻对手。

4 接后手进攻，身体仍在对手前手外侧，限制对手后手出拳。

对待速度型对手的战术

简介 速度型的对手，出拳速度会极快，面对这样的对手要抓住其漏洞，上前迎击或有效防守后迅速反击。

迎击战术

说明 迎击的前提是发现对手的漏洞，此时不要犹豫，上前攻击对手的弱点。如上图所示，降低重心，躲避出拳，利用对手的视线死角，攻击面部或躯干。

反击战术 1

1

摇闪躲避。

2

反击战术 2

1

后仰躲避。

2

说明

反击战术中，预先判断对手的下一步动作，进行躲避防守，再进行攻击。在反击战术1中，利用摇闪躲避出拳，并移动到外侧进攻。在反击战术2中，则在后仰躲避后，对对手进行打击。

对待力量型对手的战术

简介 力量型对手的出拳力量大，应对时，要加快脚下步法的移动速度，同时要保持和对手的距离，不要让对手近身。

1 面对面站立，基础抱架准备，左侧为力量型选手。重拳手有时两脚前后距离较近，方便发力。

2 对手发动进攻，可以看出出拳力量大，此时若躲避不及会被重伤。

知识要点

力量型选手的重拳是他们的必杀技，应对时，注重躲闪和距离控制。

力量型选手重拳打空后的恢复速度会较慢，这时便是反击的最好时机，一定要把握住。

3 迅速向后移动，退至对手打击距离外，躲避其进攻。

4 调整姿势，在对手出拳结束时，迅速用后手直拳击打对手头部。

对待擅长站立对手的战术

简介

擅长站立的对手，下盘比较稳定，更擅长使用拳腿，站立攻击更占优势。这时主要的战术为：近身攻击防守，缠抱控制其行动，用地面技术控制其行动。

近身战术

说明

近身战术中，要在预判对手攻击后，迅速靠近其身体，使用近身抱摔使对手摔倒失去重心和行动力，或者进一步使用地面技术迫使对手认输。

后背控制战术

地面控制战术

说明

后背控制和地面控制都是使对手失去自由行动的机会，拿到控制位置后，可以进行打击或降服。

对待擅长摔柔对手的战术

简介

擅长摔法和地面柔术的对手，必然也很擅长近身，所以针对性的战术就是加强脚下的移动速度，防止其近身，防抱摔，减少其地面动作的机会。

移动战术

防抱摔战术

说明

面对这样的对手，快速移动躲避其近身是第一要务。如果对手难以近身，就要防止其使用抱摔，采取防摔和逃脱技术，防止对手实施地面技术。

精准打击战术 1

精准打击战术 2

说明

精准打击的前提是判断对手的动作，在保持距离时，可以侧重腿部内线打击；在对手俯身靠近时，可以对其头颈部重拳打击，这两种战术要在实战中灵活运用。

作者简介

刘文擘

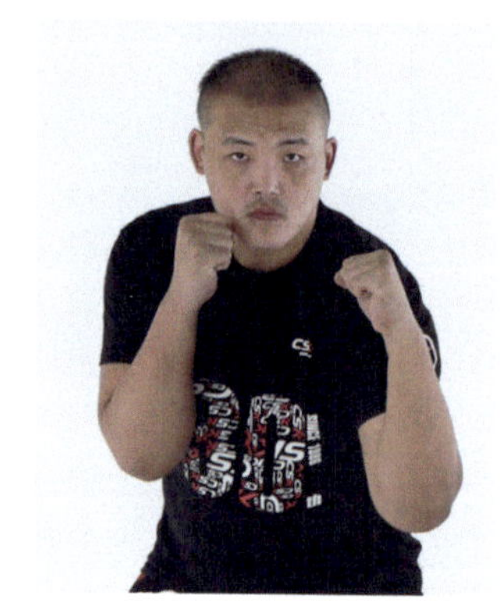

曾是专业拳击运动员，曾获全国青年拳击锦标赛 91 公斤级冠军。2006 年转型成为一名职业综合格斗选手，曾获《武林传奇》中量级冠军、ADCC 巴西柔术中国公开赛重量级金牌等成绩。